読む・書く「ハン検」

特定非営利活動法人
ハングル能力検定協会

発刊にあたって

　2012年10月にハングル能力検定協会は創立20周年を迎えました。
　1992年10月9日「ハングルの日」に協会が設立され、1993年6月に韓国・朝鮮語では世界ではじめての検定試験として、第1回「ハングル」能力検定試験（以下「ハン検」と略す）が実施されました。その後、2012年まで39回にわたる検定試験を行い、日本語を母語とする「ハングル」学習者に公正かつ語学的な見地より社会的評価を与える資格を付与する団体として広く認知されるようになりました。また、2006年からは、とりわけコミュニケーション能力の向上を目指した、検定試験を実施して参りました。
　近年、日本での「ハングル」の需要も増し、1990年代と比べますとより幅広い層の方が、様々な目的で「ハングル」学習をされているのが実情です。
　そこで、以前からご要望の多かった中級者から上級者向けの学習書を、20周年記念書籍としてまとめる運びとなりました。
　本書は、中・上級の第11回検定試験以降より問題を抜粋し、1級2次面接の流れ、2次課題文も多く掲載しました。また音声ペン対応書籍とし、音声ペンを用いることで更に学習方法の幅が広がるよう構成されています。今後、「ハン検」中級以上を受験しようと試みている方、中級の壁を乗り越え上級へと進まれる方に、本書を手にして頂き、資格取得への近道を歩まれるよう巻末資料も盛り込みました。
　本書の発行が、日本全国で日々「ハングル」を学習されている皆様のレベルアップへの一助となれば幸いです。

2013年3月吉日

目　次

発刊にあたって ……………………………… 3
目　次 ……………………………… 5
この本の特徴と使い方 ……………………………… 7
音声ペンの使い方 ……………………………… 9

中級（準2級・3級） ……………………………… 11

■3級…対話文 ……………………… 12
■準2級…短い文 ……………………… 22
■準2級…長文 ……………………… 48

上級（1級・2級） ……………………………… 67

■2級…短い文 ……………………… 68
■2級…長文 ……………………… 94
■1級…短い文 ……………………… 114
■1級…長文 ……………………… 140
■1級…2次課題文 ……………………… 170

巻末資料 ……………………………… 207

1級2次面接試験の流れ ……………………… 207
「聞きトッキ」からの文 ……………………… 213
1級・2級語尾・慣用表現 ……………………… 245

◆◆◆この本の特徴と使い方◆◆◆

「ハングル」能力検定試験の過去出題問題から205問を抜粋！
中級者(準2級・3級)、上級者(1級・2級)向けの多読・精読のための教材です。

◆はじめは3級の短い対話文からスタートします。難易度を徐々に上げていくことで、中級から上級へ着実なステップアップを目指します。
◆多読・精読することで、文の内容を読みとる力がつきます。さらにリーディングや翻訳など、各分野の実力アップにつながります。
◆実際に出題された問題に多角度からアプローチし慣れることで、本番も落ち着いて試験に臨めるようになります。

使い方① リーディング力を伸ばす【声に出して読んでみよう】

中級：3級の対話文→準2級の短文→長文と徐々に長い文に挑戦してみましょう。

上級：短文→長文→1級2次試験課題文の順に進めていきましょう。
1級2次試験では、その場で手渡された課題文を①2分間黙読した後、②声に出して読むよう求められます。
息継ぎ(文の区切り)がどこかを意識しながら声に出して読んでみましょう。
読むと同時に、文の内容を把握する力をつけていきましょう。

使い方② 翻訳力を伸ばす【日本語に訳してみましょう】

韓国・朝鮮語特有の言い回しを、的確な日本語の表現に置き換えられるかが問われます。
上級になると意訳する力も求められます。
翻訳問題に強くなるためには、できるだけ多くの文を翻訳して慣れてお

くことです。
ハングル⇔日本語の相互翻訳をしてみるのもよいでしょう。

[使い方 ③]　書きとる力を伸ばす【写し書きしてみる／音声ペン・ＣＤで聞きながら書きとってみる】

曖昧(あいまい)な知識にしないためには、書きとるのが一番の近道です。
語彙が正確に書きとれていれば、新しい語彙を習得するスピードも断然違ってきます。
たとえば、반대(反対)、규칙(規則)という語彙は知っていて、반칙(反則)という新しい語彙に出くわしたとします。綴りを正確に知っていれば「'반대'の반、'규칙'の칙なのかな？」というように、その意味を推測できます。音だけで覚えずに、正確な綴りで書けるようにしましょう。

◇音で聞いて、耳に効く！◇

　本書は、セーラー音声ペン〈別売り〉に対応しています。
　ネイティブの音読を聞けるので、リスニングの強化や試験対策になり、使い方次第では、正確に書きとる力もつきます。シャドーイングの練習にも活用できるでしょう。
　音声ペンは、もう一度聞きたいと思ったところをペンでタッチするだけですぐに再生が始まります。テキストから目を離して再生や停止のボタンを押す煩わしさがなく、学習に集中できるので、語学学習にオススメのツールです。
※ＣＤ〈別売り〉もご用意しています。詳しくは当協会のホームページ（www.hangul.or.jp）をご覧ください。

ペン先でタッチすると、ネイティブ発音が聴ける！
セーラー音声ペンの使い方

本書籍には音声コードが印刷してあり、別売りのセーラー音声ペンを利用して項目のネイティブ発音を聞くことができます。

◇音声ペンの仕様

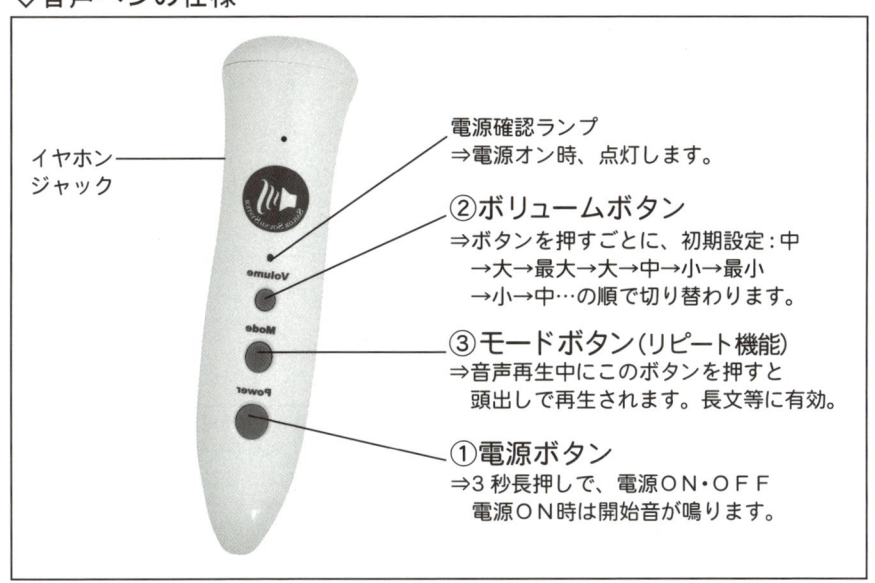

イヤホンジャック

電源確認ランプ
⇒電源オン時、点灯します。

②ボリュームボタン
⇒ボタンを押すごとに、初期設定：中
　→大→最大→大→中→小→最小
　→小→中…の順で切り替わります。

③モードボタン(リピート機能)
⇒音声再生中にこのボタンを押すと
　頭出しで再生されます。長文等に有効。

①電源ボタン
⇒3秒長押しで、電源ON・OFF
　電源ON時は開始音が鳴ります。

〔操作手順〕
1．①電源ボタンを3秒以上長押しすると、開始音が流れて電源オンとなります。
2．電源を入れた音声ペンのペン先を、本書の表紙にタッチしてください。表紙にタッチすることで、音声ペンがこの書籍モードになり、スタンバイ完了です。
3．本文のハングルで書かれた各項目"余白部分"に、ペン先でタッチしてください。タッチした欄にある項目のネイティブ発音が流れます。
4．②ボリュームボタン及び③リピートボタンの使用法は、上記の図をご覧下さい。
　　※ボリュームは、裏表紙のボリュームマークにタッチしての調整も可能です。

－🔊マークのあるハングル部分にタッチすると音読が流れます。
　　※巻末資料の🔊は長文の一部音読です。
－付属のイヤホンを挿してないときは、音声ペン上部のスピーカーから音声が流れます。
－音声ペンの保証書は大切に保管してください。
－音声ペンの不具合や故障に関するお問い合わせは、サポートセンターへ直接お問い合わせください。〔セーラー音声ペンサポートセンター：電話 03-3846-2425〕

> 使用上の注意：項目欄にあるハングル文字自体にペン先をあててしまうと、墨インクがコード読み込みの邪魔をして、稀に音声が正常に流れないことがあります。各項目欄の余白部分をタッチしてください。

セーラー音声ペン　ご購入申込書

金額	本体価格￥8000 /1本　税込￥8400	送料	全国一律￥500	合計	￥8400+￥500＝￥8900

音声ペン対応書籍	協会発行：合格トウミ（一改訂版一初．中級編）、上達トハギ、読む書く「ハン検」 ※セーラー刊 YUBISASHI 旅行会話・韓国／中国／アメリカ　　計6冊に対応

お名前	（フリガナ）	ご注文日	年　月　日

お届け先ご住所	〒

電話番号		FAX 番号	

注文本数	音声ペン　　　　　　　　本	合計金額	￥

※通信欄		入金明細書貼付欄	

※返品は商品到着後7日以内、未開封の場合のみ可能です。返品時の送料はお客様負担となります。
　一度開封されたものは理由のいかんにかかわらず、上記指定期間内でも返品できないのでご注意ください。

◆セーラー音声ペン　ご購入方法

〇この書籍の語彙音読を聴くには、協会書籍対応のセーラー音声ペンが必要です。
　〔合格トウミ、上達トハギ、本書、※YUBISASHI旅行会話・韓国／中国／アメリカ〕の計6冊対応
〇セーラー音声ペンは、協会で直接お買い求め頂けます。
〇協会への直接お申込みはこの申込書をご使用の上、①郵便振替口座へ料金前納でのご購入か、
　②電話注文後、代引きでのご購入（送料・代引き手数料はご購入者様負担）となります。
　詳しくは下記をご確認の上、お間違いのないようお申込みください。

1. このページをコピーし、上記〔ご購入申込書〕の必要事項を全てご記入ください。
2. 郵便局へ行って、郵便局備え付けの振替用紙に協会口座番号、加入者名、申込者のお名前、
　ご住所、電話番号などを記入します。
　　◆口座番号：00160-5-610883　　◆加入者名：ハングル能力検定協会
3. 振替用紙の通信欄に〔音声ペン〇本〕と記入し代金をお支払いください。
4. その後、振込金受領書を申込書の貼付欄に貼付け、FAX または郵便にて協会までお送りください。送り先住所と FAX 番号は下記の通りです。
　〔送付先住所〕〒136-0071 東京都江東区亀戸 2-36-12 8F　音声ペン購入係 宛て
　〔電話〕03-5858-9101　　〔FAX 送付先〕03-5858-9103
※協会ホームページからも音声ペン注文書をダウンロードできます。
※ご不明な点は、お申込み前に協会へ直接お問い合わせください。

中　級

準2級・3級

中級レベル目次

■３級…対話文 …………………………………… 12
■準２級…短い文 ………………………………… 22
■準２級…長文 …………………………………… 48

3級…対話文

　3級の対話文です。声に出して読んだ後、日本語に訳してみましょう。音声ペンがある方は、聞きながら書きとってみましょう。

1) 남 : 같이 청소합시다.
　　여 : 어디서부터 먼저 할까요?
　　남 : 4층 계단부터 하면 어때요?
　　여 : 거기는 좀 힘드니까 복도부터 합시다.

　　　　　　　　　　　　　　　（2005年春季 第24回）

남 : _____
여 : _____
남 : _____
여 : _____

2) 여 : 이 양복이 어때요?
　　남 : 그것은 싫어요.
　　여 : 역시 까만색이 좋아요?
　　남 : 색깔은 괜찮은데요.　　（2004年秋季 第23回）

여 : _____
남 : _____
여 : _____
남 : _____

3級…対話文

■左ページの日本語訳

1） 男：一緒に掃除しましょう。
　　 女：どこから先にしましょうか。
　　 男：4階の階段からやってはどうでしょう。
　　 女：あそこは少し大変なので、廊下からしましょう。

2） 女：このスーツはどうですか。
　　 男：それは嫌です。
　　 女：やっぱり黒色がいいですか。
　　 男：色は問題ないんですが。

3) 여 : 어떤 일을 하십니까?
   남 : 김을 수출하고 있어요.
   여 : 주로 어디에 파십니까?
   남 : 미국이에요.　　　　　　　　　　　(2004年秋季 第23回)

   여 :
   남 :
   여 :
   남 :

4) 남 : 6시까지 기다려 볼까요?
   여 : 다른 약속이 있어서 안됩니다.
   남 : 그럼 5분만 더 기다립시다.
   여 : 할 수 없네요.　　　　　　　　　　(2004年春季 第22回)

   남 :
   여 :
   남 :
   여 :

■左ページの日本語訳

3）女：どんなお仕事をされていますか。
　　男：のりを輸出しています。
　　女：主にどこに売っていますか。
　　男：アメリカです。

4）男：6時まで待ってみましょうか。
　　女：他の約束があるのでだめです。
　　男：では、あと5分だけ待ちましょう。
　　女：仕方ないですね。

3級…対話文

5) 여 : 그 구두 참 좋네요.
   남 : 이거요? 작년에 미국에서 샀어요.
   여 : 비쌌지요?
   남 : 아뇨, 그다지 비싸지 않았어요.　　(2004年春季 第22回)

   여 :
   남 :
   여 :
   남 :

6) 남 : 언제 대학을 졸업했어요?
   여 : 2년 전입니다.
   남 : 전공은 무엇이었지요?
   여 : 일본 문학을 공부했습니다.　　(2003年秋季 第21回)

   남 :
   여 :
   남 :
   여 :

3級…対話文

■左ページの日本語訳

5）女：その靴とてもいいですね。
　　男：これですか。昨年アメリカで買いました。
　　女：高かったでしょう。
　　男：いいえ、それほど高くなかったです。

6）男：いつ大学を卒業したんですか。
　　女：２年前です。
　　男：専攻は何でしたか。
　　女：日本文学を学びました。

3級…対話文

7) 여 : 여기서 담배를 피우시면 안돼요.
   남 : 그래요?
   여 : 어서 끄세요.
   남 : 네, 알았어요. （2003年秋季 第21回）

   여 : _____
   남 : _____
   여 : _____
   남 : _____

8) 남 : 우리 딸이 이번에 대학에 들어가요.
   여 : 벌써 그렇게 됐어요?
   남 : 정말 시간이 빨라요.
   여 : 그렇네요. （2003年春季 第20回）

   남 : _____
   여 : _____
   남 : _____
   여 : _____

3級…対話文

■左ページの日本語訳

7） 女：ここでたばこを吸ってはいけません。
　　男：そうなんですか。
　　女：早く消してください。
　　男：はい、わかりました。

8） 男：うちの娘が今度、大学に入学します。
　　女：もうそんな歳になったのですか。
　　男：本当に時間って早いですね。
　　女：そうですね。

3級…対話文

🔊 9) 여 : 학교 생활이 어때요?
　　남 : 재미있지만 아주 바빠요.
　　여 : 왜 그렇게 바쁘죠?
　　남 : 숙제가 너무 많아서 그래요.　　　（2002年秋季 第19回）

　　여 : ＿＿＿＿＿＿＿＿＿＿＿＿＿＿＿＿＿＿＿＿＿＿
　　남 : ＿＿＿＿＿＿＿＿＿＿＿＿＿＿＿＿＿＿＿＿＿＿
　　여 : ＿＿＿＿＿＿＿＿＿＿＿＿＿＿＿＿＿＿＿＿＿＿
　　남 : ＿＿＿＿＿＿＿＿＿＿＿＿＿＿＿＿＿＿＿＿＿＿

🔊 10) 남 : 여기서 짐 좀 맡아 주시겠어요?
　　여 : 예, 알겠습니다. 몇 시에 오시겠어요?
　　남 : 9시까지 오겠습니다.
　　여 : 예, 그때까지 찾아 가세요.　　　（2002年春季 第18回）

　　남 : ＿＿＿＿＿＿＿＿＿＿＿＿＿＿＿＿＿＿＿＿＿＿
　　여 : ＿＿＿＿＿＿＿＿＿＿＿＿＿＿＿＿＿＿＿＿＿＿
　　남 : ＿＿＿＿＿＿＿＿＿＿＿＿＿＿＿＿＿＿＿＿＿＿
　　여 : ＿＿＿＿＿＿＿＿＿＿＿＿＿＿＿＿＿＿＿＿＿＿

3級…対話文

■左ページの日本語訳

9) 女：学校生活はどうですか。
   男：楽しいけれど、とても忙しいです。
   女：どうしてそんなに忙しいんでしょう。
   男：宿題がとても多いんです。

10) 男：ここで荷物を預かってもらえますか。
    女：はい、承知しました。何時にいらっしゃいますか。
    男：9時までには戻ります。
    女：はい、その時間までに引き取ってください。

準2級…短い文

準2級の短い文章です。声に出して読んだ後、日本語に訳してみましょう。音声ペンがある方は、聞きながら書きとってみましょう。

1) 경쾌한 음악이 마음을 편하게 해 주었다. （2005年春季 第24回）

2) 약도를 보고 찾아오세요. （2005年春季 第24回）

3) 은혜를 입으면 반드시 갚아야 한다. （2005年春季 第24回）

4) 바다를 보면 마음이 넓어지는 것 같다. （2004年秋季 第23回）

■左ページの日本語訳

1）軽快な音楽が心を安らかにしてくれた。

2）略図を見て訪ねて来てください。

3）恩を受けたら必ず返さなければならない。

4）海を見ると心が広くなるような気がする。

準2級…短い文

5) 시골에 농장을 갖는 꿈을 받드시 이루겠다.

(2004年秋季 第23回)

6) 앉아서 창 너머로 달을 보고 있었다. (2004年秋季 第23回)

7) 이 노래를 들으면 고향의 가을 밤이 생각난다.

(2004年秋季 第23回)

8) 생일을 맞은 친구에게 선물을 주었다. (2004年春季 第22回)

準2級…短い文

■左ページの日本語訳

5） 田舎に農場を持つ夢を必ず成し遂げてみせる。

6） 座って窓越しに月を眺めていた。

7） この歌を聴くと故郷の秋の夜が思い浮かぶ。

8） 誕生日を迎えた友達に、プレゼントをあげた。

準2級…短い文

9) 성공과 실패는 마음먹기에 달려 있다.　（2004年春季 第22回）

10) 네거리를 건너서 왼쪽으로 꺾어지세요.　（2003年秋季 第21回）

11) 제 취미는 독서하고 낚시입니다.　（2003年秋季 第21回）

12) 하숙보다는 자기가 밥을 해 먹는 게 돈이 적게 듭니다.
（2003年秋季 第21回）

準２級…短い文

■左ページの日本語訳

9） 成功と失敗は心構えにかかっている。

10） 交差点を渡って左に曲がってください。

11） 私の趣味は読書と釣りです。

12） 下宿よりは自分でご飯をつくって食べるほうが安上がりです。

準2級…短い文

🔊 13) 열심히 심부름을 해서 용돈을 벌었어요. （2003年秋季 第21回）

🔊 14) 너무 서두르지 마시고 천천히 하십시오. （2003年春季 第20回）

🔊 15) 이번 토요일에 국립극장에서 연극 공연이 있어요.
（2003年春季 第20回）

🔊 16) 낮 최고 기온은 서울이 28도로 어제보다 높겠습니다.
（2003年春季 第20回）

準2級…短い文

■左ページの日本語訳

13) 一生懸命お使いをしてお小遣いを稼ぎました。

14) あまり急ぎすぎないでゆっくりやってください。

15) 今度の土曜日に国立劇場で演劇の公演があります。

16) 日中の最高気温はソウルが28度で、昨日より高いでしょう。

準2級…短い文

🔊 17) 그냥 아무 말도 묻지 말고 날 내버려두면 안 돼요？

(2003年春季 第20回)

🔊 18) 무서운 영화는 보고 싶지 않아요.　　(2002年秋季 第19回)

🔊 19) 아까 오빠한테 누가 찾아왔어요.　　(2002年秋季 第19回)

🔊 20) 요즘 무척 피곤해 보이네요.　　(2002年秋季 第19回)

準2級…短い文

■左ページの日本語訳

17) ただ何も聞かずに私を放っておいてくれませんか。

18) 怖い映画は見たくありません。

19) さっきお兄さんのところに誰か訪ねて来ました。

20) このところずいぶん疲れて見えますね。

21) 그 아주머니는 음식 솜씨가 좋대요. （2002年秋季 第19回）

22) 그 사람이 그만둘 줄 몰랐어요. （2002年秋季 第19回）

23) 날씨가 좋아서 산책하러 나왔어요. （2002年春季 第18回）

24) 꾸준히 노력하면 성공한다. （2002年春季 第18回）

■左ページの日本語訳

21) あの奥さんは料理の腕が良いそうです。

22) その人がやめるとは思いませんでした。

23) 天気が良いので散歩しに出てきました。

24) 地道に努力すれば成功する。

準2級…短い文

🔊 25) 역 앞에 나가 보니까 사람들이 몰려 있었어요.

(2001年秋季 第17回)

🔊 26) 가고는 싶어도 못 가는 건 어쩔 수가 없죠.

(2001年秋季 第17回)

🔊 27) 일주일 전만 해도 여기엔 아무것도 없었습니다.

(2001年秋季 第17回)

🔊 28) 끝까지 뜻을 꺾지 않았던 내 아들이 자랑스럽다.

(2001年秋季 第17回)

準2級…短い文

■左ページの日本語訳

25) 駅前に出てみたら人がたくさん集まっていました。

26) 行きたくても行けないものは、どうすることもできないでしょう。

27) つい一週間前まで、ここには何もありませんでした。

28) 最後まで自分の意志を曲げなかったわが息子が誇らしい。

準2級…短い文

29) 돈이 모자랄까 봐 은행에 들렀다 왔어요. (2001年春季 第16回)

30) 문 닫을 때쯤 가면 훨씬 싸게 살 수 있어요. (2001年春季 第16回)

31) 선생님 모습이 보이면 금방 조용해진다. (2001年春季 第16回)

32) 서울보다 좀 남쪽이지만 생각보다 춥더라.

(2000年秋季 第15回)

準2級…短い文

■左ページの日本語訳

29) お金が足りないんじゃないかと思って、銀行に寄って来ました。

30) 閉店間際に行けば、うんと安く買えますよ。

31) 先生の姿が見えると、たちまち静かになる。

32) ソウルより少し南にあるけれど、思ったより寒かったよ。

準2級…短い文

33) 겨울 방학 때 영어 회화를 같이 배우재요.

(2000年秋季 第15回)

34) 누구네 집이 제일 머니?

(2000年秋季 第15回)

35) 제가 오해를 산 게 아닌가 싶어요.

(2000年秋季 第15回)

36) 미래에는 사람들이 밥 대신 알약만 먹고 살 수 있대.

(2000年春季 第14回)

準2級…短い文

■左ページの日本語訳

33) 冬休みに英会話を一緒に習おうですって。

34) 誰の家がいちばん遠いの？

35) 私が誤解をされたのではないかと思います。

36) 未来において人はご飯の代わりに錠剤だけ飲んで生きられるんだって。

準2級…短い文

37) 좀 똑똑하면 부자가 되는 것도 쉬운 일이래.

(2000年春季 第14回)

38) 제가 김치라도 갖고 올 걸 그랬네요. (1999年秋季 第13回)

39) 가든 말든 자네가 좋은 대로 해. (1999年秋季 第13回)

40) 첫눈에 반했나 봐요. (1999年秋季 第13回)

準2級…短い文

■左ページの日本語訳

37) ちょっと利口なら、お金持ちになるのもたやすいことだそうだ。

38) 私がキムチでも持ってくればよかったですね。

39) 行っても行かなくても、君のいいようにしなさい。

40) 一目ぼれしたようです。

準2級…短い文

41) 진찰을 받느라고 복도에서 두 시간이나 기다렸습니다.
(1999年秋季 第13回)

42) 말대꾸하는 게 네 탈이야.
(1999年秋季 第13回)

43) 매일 매일 바빠 죽겠어.
(1999年秋季 第13回)

44) 지는 저녁 해를 누가 막을 수 있겠느냐?
(1999年春季 第12回)

■左ページの日本語訳

41) 診察を受けるために廊下で2時間も待ちました。

42) 口答えするのがお前の欠点なんだよ。

43) 毎日毎日、忙しくて嫌になってしまう。

44) 沈む夕日を誰が止められようか。

準2級…短い文

🔊 45) 다음 휴일에는 넓고넓은 바다로 갈 작정이에요.
(1999年春季 第12回)

🔊 46) 짧고 긴 것은 대 봐야 안다.
(1999年春季 第12回)

🔊 47) 밤낮 놀고 다니다가 시험은 어떻게 할 셈이냐?
(1998年秋季 第11回)

🔊 48) 비가 오든지 말든지 꼭 가야 하네.
(1998年秋季 第11回)

準2級…短い文

■左ページの日本語訳

45) 次の休日には広々とした海に行くつもりです。

46) 長いか短いかは測ってみてこそ分かる。

47) しょっちゅう遊びまわっていて試験はどうするつもりなんだ。

48) 雨が降ろうが降るまいが、必ず行かなきゃいけない。

準2級…短い文

🔊 49) 일을 끝내고 나서 네 집에 들르겠어.　　（1998年秋季 第11回）

🔊 50) 할머니가 좋아하신다니 이것 사 왔어요.　（1998年秋季 第11回）

■左ページの日本語訳

49) 仕事を終えてから君の家に寄るよ。

50) おばあさんが好きだと聞いたので、これを買ってきました。

準2級…長文

> 準2級の長文です。声に出して読んだ後、日本語に訳してみましょう。音声ペンがある方は、聞きながら書きとってみましょう。

🔊 1)

　회사 사람들끼리 함께 술을 마실 기회가 많습니다. 술은 지위가 높거나 나이가 많은 사람부터 차례로 따르는 것이 좋습니다. 술은 무리하게 권하지 말아야 합니다. 상대에게 술을 권할 때는 '한 잔 더 드시겠습니까?' 하고 물어 보는 것이 좋습니다. 자신이 술잔을 계속 받기가 어려울 때는 적당히 거절을 해도 괜찮습니다.

🔊 2)

윤희 : 영수가 왜 아직 안 올까? 벌써 3시 반인데.
영수 : 윤희야, 오래 기다리게 해서 미안해. 화 났니?
윤희 : 너 이럴 수 있어? 30분이나 기다렸어.
영수 : 지하철을 타려고 했는데……. 마침 빈 택시가 와서 그걸 탔더니 이렇게 됐어. 도로 공사 때문에 길이 그렇게 막힐 줄은 몰랐지. 정말 미안해.
윤희 : 미안하다는 말만 하면 돼?
영수 : 내가 이유를 다 얘기했잖아. 넌 약속 시간 어긴 적 없니? 언젠가 비가 많이 오던 날, 기억 안 나?

準2級…長文

■左ページの日本語訳

1）
　会社の人どうしでお酒を飲む機会が多くあります。お酒は地位が高かったり、年上の人から順に注ぎましょう。お酒は無理に勧めてはいけません。相手にお酒を勧めるときは、「もう一杯いかがですか」と聞いた方が良いです。自分が杯を受け続けれないときは適度に断っても良いでしょう。

（2005年秋季第25回　準2級より）

2）
ユ　ニ：ヨンスはどうしてまだ来ないのかしら。もう3時半なのに。
ヨンス：ユニ、長く待たせてごめん。怒った？
ユ　ニ：ひどいじゃない。30分も待ったわ。
ヨンス：地下鉄に乗ろうとしたんだけど……。ちょうどタクシーが来たんでそれに乗ったらこうなってしまったんだ。道路工事のせいで道があんなに渋滞するとは思わなかったよ。本当にごめん。
ユ　ニ：謝れば済むの。
ヨンス：理由を全部話したじゃないか。君は約束の時間を破ったことがないのかい。いつだったか雨がたくさん降っていた日、覚えてないか。

（2005年秋季第25回　準2級より）

準2級…長文

🔊 3)

　여행은 나의 가장 큰 취미이자 즐거움이다.

　일상생활을 떠나는 것은 늘 접하던 환경과 분위기를 바꾸어 준다. 그렇기 때문에 기분도 새로워지고 생활의 활기를 얻는 좋은 기회가 된다. 그러나 여행은 늘 보던 주변을 바꾸어 주는 효과도 크지만 그보다는 마음이나 생각 같은 정신적인 면을 새롭게 해 주는 것이 더 큰 기쁨이다. 게다가 여행을 준비하면서 느끼는 적당한 기대감도 빼 놓을 수 없는 즐거움 중의 하나다.

準2級…長文

■左ページの日本語訳

3）
　旅行は、私の一番の趣味であり楽しみである。
　日常生活を離れることは、いつも接していた環境と雰囲気を変えてくれる。だから、気分も新しくなり、生活の活気を得るいい機会になる。旅行は、いつも見ている周囲に変化を与えてくれる効果も大きいが、それよりは気持ちや考えなどの精神的な面を新しくしてくれることがより大きな喜びである。しかも、旅行を準備しながら感じる適度な期待感も欠かせない楽しみのひとつである。

（2005年春季第24回　準2級より）

🔊 4)

윤상기 : 과장님 늦어서 죄송합니다.
과　장 : 윤상기 씨, 오늘도 지각입니까? 오늘은 왜 또 늦었나요?
윤상기 : 지갑을 잊어 버리고 나와서 다시 집에 갔다왔습니다.
과　장 : 어제는 전철이 사고가 났다더니 오늘은 지갑을 안 가지고 왔어요?
윤상기 : 전철 사고는 제 잘못이 아니니까 어쩔 수 없었죠.
과　장 : 그래도 지갑을 잊어버린 건 완전히 윤상기 씨의 실수일 텐데.
윤상기 : 저도 조심을 하고 있는데 왜 그런지 모르겠습니다.
과　장 : 어째서 윤상기 씨에게만 이런 문제가 생기지?

■左ページの日本語訳

4）

ユン・サンギ：課長、遅れて申し訳ありません。
課　　　長：ユン・サンギさん、今日も遅刻ですか。今日はまた、何で遅れたんですか。
ユン・サンギ：財布を忘れて、途中で家に戻ってから来ました。
課　　　長：昨日は電車の事故で、今日は財布を持って出なかったんですか。
ユン・サンギ：電車の事故は私の責任ではないから仕方がなかったんですよ。
課　　　長：でも、財布を忘れたのは間違いなくユン・サンギさんの責任でしょう。
ユン・サンギ：私も気をつけているんですが、何でこうなるのか分かりません。
課　　　長：どうしてユン・サンギさんにだけこういうことが起きるんだろう。

（2005年春季第24回　準2級より）

🔊 5）

사　　토 : 그저께 전화로 예약한 사토입니다.
프론트 : 네, 오늘부터 2박을 예약하셨군요.
사　　토 : 네, 전망이 좋은 방으로 부탁합니다.
프론트 : 그럼 높은 층으로 드리겠습니다.
　　　　　계산은 현금으로 하시겠습니까?
사　　토 : 신용 카드로 계산하려고 하는데요, 방 값은 얼마죠?
프론트 : 하루에 10만원입니다.
사　　토 : 할인은 안 되나요?
프론트 : 특별히 20퍼센트 할인해 드리겠습니다.

準2級…長文

■左ページの日本語訳

5）
佐　　藤：おととい電話で予約した佐藤です。
フロント：はい、今日から2泊の予約をなさいましたね。
佐　　藤：はい、眺めのいい部屋でお願いします。
フロント：それでは高い階の部屋をご案内させていただきます。
　　　　　お支払いは現金でなさいますか。
佐　　藤：クレジットカードでしたいのですが、部屋代はいくらですか。
フロント：1泊、10万ウォンです。
佐　　藤：割引はできませんか。
フロント：特別に20％割引させていただきます。

（2004年秋季第23回　準2級より）

準2級…長文

🔊 6)

은지 : 형호 씨, 왜 이렇게 늦었어요? 많이 기다렸잖아요.

형호 : 미안해요. 은지 씨, 원래는 기차가 3시 30분에 도착할 예정이었는데 신호 고장으로 20분 동안 정차하는 바람에 늦었어요.

은지 : 그래도 금방 수리가 돼서 다행이네요. 저는 그것도 모르고 무슨 사고라도 났나 해서 걱정했어요.

형호 : 그런데 도착해서 내리려고 하니까 이번에는 표가 보이질 않는 거예요.

은지 : 네? 아니 그래서 어떻게 했어요? 표는 찾았어요?

형호 : 당황해서 허둥지둥 찾아 봤더니 기차 안에서 읽던 책 속에 들어 있었지 뭐예요.

은지 : 정말 여러 가지 일들이 많이 있었군요.

■左ページの日本語訳

6)
ウンジ：ヒョンホさん、どうしてこんなに遅れたの。ずいぶん待ちましたよ。
ヒョンホ：すみません、ウンジさん。もともと列車は3時30分に到着する予定だったんですけど、信号故障で20分間停車したせいで遅れました。
ウンジ：でも、すぐ直ってよかったですね。私はそうとも知らずに何か事故でも起きたのかと思って心配しました。
ヒョンホ：ところが、到着して降りようとしたら、今度は切符が見当たらないんですよ。
ウンジ：え？　それでどうしたんですか。切符は見つかったんですか。
ヒョンホ：あわててあたふたと探してみたら、列車の中で読んでいた本の中に入ってるじゃないですか。
ウンジ：本当、いろいろありましたね。

（2003年秋季第21回　準2級より）

準2級…長文

🔊 7)

어머니 : 영수야, 지금 어디 나가니 ?
영　수 : 네, 준호 집에 가서 같이 기말고사 공부할려구요.
어머니 : 너 준호 집 가는 길에 고모 집에 잠깐 들렀다 갈래 ? 이걸 고모한테 좀 갖다 드려라.
영　수 : 이게 뭔데요 ?
어머니 : 아까 고모한테 부탁받은 돈이란다.
영　수 : 근데요, 준호 집하고 고모 댁은 방향이 틀리잖아요.
어머니 : 고모가 돈이 급히 필요하시다는데 엄마는 지금 영민이 병간호 때문에 집을 비울 수가 없잖아.
영　수 : 전 3시까지 준호 집에 가기로 했단 말이에요.
어머니 : 얘, 너 공부하는 것도 중요하지만 지금 고모가 정말 급하시거든. 고모가 가게 일 때문에 바쁘시다는 거 너도 잘 알잖니.
영　수 : 네, 알았어요. 준호한테는 좀 늦는다고 전화할게요.
어머니 : 그래, 그래라. 자, 여기 용돈 줄 테니까 준호랑 맛있는 거라도 사 먹어.
영　수 : 네, 고맙습니다. 그럼 갔다올게요.

準2級…長文

■左ページの日本語訳

7）
母　　：ヨンス、どこか出かけるの。
ヨンス：うん、チュノの家で一緒に期末テストの勉強するんだ。
母　　：じゃあ、チュノの家に行くついでに、伯母さんの家にちょっと寄って行ってくれない？　これを伯母さんのところに持って行ってほしいの。
ヨンス：これ、なあに。
母　　：さっき伯母さんから頼まれたお金よ。
ヨンス：でも、チュノの家と伯母さんの家は方向が違うじゃない。
母　　：伯母さん、お金が急に要るらしいんだけど、お母さんは今ヨンミンの看病で家を空けられないでしょ。
ヨンス：僕、チュノの家に3時までに行くことにしたんだけどな。
母　　：あんたの勉強も大事だけど、伯母さん本当に急いでいるのよ。伯母さんがお店の仕事で忙しいこと、あんたもよく知ってるじゃない。
ヨンス：わかったよ。チュノにはちょっと遅れるって電話するよ。
母　　：そうね、そうして。じゃあ、これ、お小遣いあげるから。チュノとおいしいものでも買って食べなさい。
ヨンス：うん、ありがとう。じゃあ、行ってきます。

（2002年秋季第19回　準2級より）

🔊 8)

선영 : 민철이 아니니? 이거 얼마만이야?

민철 : 어, 선영아! 정말 오래간만이다. 너 참 몰라보게* 예뻐졌구나.

선영 : 우리가 대학생 때하고 지금이야 다르지. 민철이 너도 회사 다니니?

민철 : 아니, 얼마 전에 다니던 회사가 인원 정리* 한다고 잘렸지.

선영 : 그럼 지금 일자리 찾는 거야?

민철 : 아니, 친구와 같이 지금 사업 준비하고 있어. 그런데 넌 지금 뭐하니?

선영 : 난 출판사에서 일하고 있어. 그런데 요즘 작은 출판사는 갈수록 어려워. 앞으로 나도 걱정이야.

*몰라보다－分からない、見忘れる、見違える(※몰라보게〜見違えるほど)
*인원 정리－人員整理

準2級…長文

■左ページの日本語訳

8）
ソニョン：ミンチョルじゃない？　まあ、久しぶりね。
ミンチョル：あ、ソニョン！　いやあ、本当に久しぶりだね。ずいぶんきれいになっちゃって。見違えたよ。
ソニョン：大学のとき以来だもの、そりゃあ変わるわよ。ミンチョルも会社勤め？
ミンチョル：いや、この間、勤めてた会社をクビになったんだ。人員整理だよ。
ソニョン：じゃあ、仕事探してるの？
ミンチョル：いや、友達と一緒に事業を始める準備をしてるんだ。君は何してるの。
ソニョン：私は出版社で働いてるの。でも、近ごろ小さい出版社はますます苦しくなっちゃって。私も今後が心配なの。

（2002年春季第18回　準2級より）

🔊 9)

기호 : 주희 씨, 이렇게 늦게 오면 어떡해요? 비행장까지 버스 타고 한 시간 반은 걸릴 텐데 지금 몇 신지나 아세요?

주희 : 내가 늦고 싶어서 늦었나요? 일 때문에 그런 걸.

기호 : 알았어요. 자, 비행기표 여기 있어요. 그나저나 지금 차가 많이 밀릴 텐데……. 지금 바로 출발해서 빨리 가도 비행기를 탈 수 있을까 말까예요.

주희 : 어쩌죠? 택시 타고 갈까요?

기호 : 차가 밀릴 때는 택시나 버스나 마찬가지예요.

주희 : 그럼 7시 비행기는 못 타겠네요.

기호 : 아니, 방법이 없진 않아요. 차가 밀리는 곳은 지하철을 타고 가다가 시내*를 벗어나면 택시를 타는 거예요.

주희 : 그래도 여기서 지하철역까지 걸어서 15분은 걸릴 텐데…….

기호 : 뛰어가면 되잖아요!

주희 : 나 지금 피곤해서 못 뛴단 말이에요. 차라리 7시 비행기 포기할래요. 8시에도 비행기 있잖아요? 그거 자리가 있는지부터 좀 알아봐 줄래요?

기호 : 어휴! 주희 씨도……. 알았어요. 잠깐만요. 전화해 볼게요.

*시내－市内

■左ページの日本語訳

9）
キ　ホ：チュヒさん、こんなに遅れちゃだめじゃないですか。空港までバスで1時間半はかかるのに、いま何時だと思ってるんですか。
チュヒ：遅れたくて遅れたんじゃないわ。仕事だったのよ。
キ　ホ：わかりましたよ。はい、航空券。それにしてもこの時間は道が混むんだよな……。今すぐ出発して急いでも、間に合うかどうかですよ。
チュヒ：どうしよう。タクシーに乗りましょうか。
キ　ホ：道が混んでる時はタクシーもバスもたいして変わらないですよ。
チュヒ：じゃあ、7時の飛行機は無理ね。
キ　ホ：いや、手が無くはないですよ。道が混む区間を地下鉄で行って、市内を抜けたらタクシーに乗るんです。
チュヒ：でも、ここから地下鉄の駅まで歩いて15分はかかるだろうし……。
キ　ホ：走ればいいじゃないですか！
チュヒ：そんな、疲れてて走れないわ。いっそのこと7時の飛行機はあきらめるわ。8時にも飛行機あるでしょう？　空席があるかどうか、とりあえず調べてくれない？
キ　ホ：やれやれ、チュヒさんたら……。分かりました。ちょっと待っててくださいね。電話しますから。

（2001年秋季第17回　準2級より）

準2級…長文

🔊 10)

　세계 최대의 공연 예술 축제가 이달 9일 개막*되어 오는 8월 3일까지 계속됩니다. 아비뇽 페스티벌*은 올해 탄생 50주년을 맞는 유서 깊은 문화 축제입니다. 인구 8만 명의 작은 마을에 세계 각국에서 몰려온 6만여 명의 연극 애호가*와 전문가들은 아침부터 그 다음날 새벽까지 펼쳐지는 문학예술의 진수에 흠뻑 빠져있었습니다. 올해는 프랑스 전역*을 휩쓰는 이상 저온* 현상이 5주째 계속돼 지중해* 특유의 차고 건조한 서북풍이 세차게 부는데도 관람객들은 담요로 몸을 감싼 채 공연에 몰두*하는 모습을 보일 정도였습니다.

　　*개막－開幕
　　*페스티벌－フェスティバル
　　*애호가－愛好家
　　*전역－全域
　　*저온－低温
　　*지중해－地中海
　　*몰두하다－没頭する

準2級…長文

■左ページの日本語訳

10)
　世界最大の公演芸術祭が今月9日に開幕、来たる8月3日まで開催されます。アヴィニョンフェスティバルは今年50周年を迎える由緒ある文化祭です。人口8万人の小さな村に世界各国から集まってきた6万余りの演劇愛好家と専門家たちは、朝から翌日の明け方まで繰り広げられる文学芸術の真髄をたっぷりと堪能しました。今年はフランス全域を覆う異常低温現象が5週間続き、地中海特有の冷たく乾燥した西北風が強く吹きつけたにもかかわらず、観客たちは毛布で身をくるんだ姿で公演に見入っていました。

（1999年春季第12回　準2級より）

上　級

1級・2級

上級レベル目次

- ■2級…短い文 ………………………… 68
- ■2級…長文 …………………………… 94
- ■1級…短い文 ………………………… 114
- ■1級…長文 …………………………… 140
- ■1級…2次課題文……………………… 170

※2002年春季第18回〜2005年秋季第25回まで実施されていた準1級の問題も1級レベルとして掲載しています。

2級…短い文

> 　2級の短い文章です。声に出して読んだ後、日本語に訳してみましょう。音声ペンがある方は、聞きながら書きとってみましょう。

🔊 1） 시간이 흐를수록 조바심이 났다.　　　（2005年秋季 第25回）

🔊 2） 회사마다 면접 방식을 개발하고 있다.　　（2005年秋季 第25回）

🔊 3） 거짓 정보를 퍼트리는 사람은 꼭 잡아야 한다.
（2005年秋季 第25回）

🔊 4） 방을 구하지 못해서 애를 먹었습니다.　（2005年春季 第24回）

68

■左ページの日本語訳

1) 時間が経つほど焦りが出てきた。

2) 会社ごとに面接方法を開発している。

3) 偽りの情報を流す者は必ず捕まえなければならない。

4) 部屋が見つからなくて苦労しました。

5) 대수롭지 않게 여기다간 큰일 당하기 쉬워요.
(2005年春季 第24回)

6) 자식을 키워 보면 부모의 마음을 헤아릴 수 있다.
(2005年春季 第24回)

7) 별일도 아닌 걸 가지고 신경질을 부린다.
(2005年春季 第24回)

8) 아무리 재주가 있다 해도 마음을 놓으면 안 된다.
(2005年春季 第24回)

2級…短い文

■左ページの日本語訳

5）たいしたことではないと思っていると、大変な目に遭うものです。

6）子どもを育ててみると親の気持ちが分かる。

7）何でもないことでいらだっている。

8）いくら才能があっても気を緩めてはいけない。

9) 자연에는 스스로를 조절하는 기능이 있다.

(2004年秋季 第23回)

10) 술에 취해서 미처 피하지 못했습니다. (2004年秋季 第23回)

11) 토론을 해 보고 신중하게 결정합시다. (2004年秋季 第23回)

12) 이런 희생은 제대로 보상을 받아야 한다. (2004年秋季 第23回)

■左ページの日本語訳

9) 自然には自らを調節する機能がある。

10) 酒に酔って避けることができませんでした。

11) 討論をして慎重に決めましょう。

12) このような犠牲はきちんと補償されなければならない。

2級…短い文

13) 고속도로에서는 정체와 서행이 반복됐습니다.

(2004年春季 第22回)

14) 집 앞에 눈이 쌓여도 치우지 않는 사람들이 많다.

(2004年春季 第22回)

15) 할인 상품을 사려는 사람들이 앞 다퉈 몰려들었습니다.

(2004年春季 第22回)

16) 유행은 사회 분위기를 즉각 반영시키는 것입니다.

(2003年秋季 第21回)

2級…短い文

■左ページの日本語訳

13) 高速道路では渋滞と徐行が続きました。

14) 家の前に雪が積もっても除雪しない人が多い。

15) 割引商品を買おうとする人たちが先を争って押し寄せました。

16) 流行は、社会の傾向をすばやく反映させるものです。

17) 입장료 인상에 대한 논란이 확산되고 있다.

(2003年秋季 第21回)

18) 잠깐 훑어 본 것이 시험에 그대로 나왔다.

(2003年秋季 第21回)

19) 제일 늦게 온 사람이 한턱 내는 거 어때?

(2003年春季 第20回)

20) 복덕방 아저씨 말로는 24평이라지만 제 눈에는 18평밖에 안 되어 보였어요.

(2003年春季 第20回)

2級…短い文

■左ページの日本語訳

17) 入場料の値上げに対する論争が広がっている。

18) ちょっと目を通したものがそのまま試験に出た。

19) 一番遅く来た人がおごるっていうのはどう？

20) 不動産屋のおじさんの話では24坪だそうだけど、私の目には18坪しかないように見えました。

2級…短い文

🔊 21) 직장을 다니면서부터 적금을 붓기 시작했어요.

(2002年秋季 第19回)

🔊 22) 나한테 속은 셈 치고 한번 해 보세요.　　(2002年秋季 第19回)

🔊 23) 저 사람들 요즘 매일 만나다시피 하나 봐요.

(2002年秋季 第19回)

🔊 24) 넌 엄마한테 혼이 나야 정신을 차리는구나.

(2002年春季 第18回)

2級…短い文

■左ページの日本語訳

21) 職場に通い始めてから積み立て貯金を始めました。

22) 私にだまされたと思って一度やってごらんなさい。

23) 彼らはこのごろ毎日のように会ってるらしいですよ。

24) あんたは母さんに叱られないと分からないんだね。

2級…短い文

25) 지난밤에 휩쓸고 간 비바람 때문에 나무가 꺾였다.

（2002年春季 第18回）

26) 그 동안 가정교육이 소홀했던 감이 없지 않다.

（2002年春季 第18回）

27) 가는 말이 고와야 오는 말이 곱다더니.　（2002年春季 第18回）

28) 이번 상품은 될 수 있는 대로 단골 고객에게 보냅시다.

（2001年秋季 第17回）

2級…短い文

■左ページの日本語訳

25) 夕べ吹き荒れた嵐で木が折れてしまった。

26) これまで家庭のしつけがおろそかになっていた感がなくはない。

27) 売り言葉に買い言葉とはよく言ったものだ。

28) 今度の商品は出来るだけ得意先に送りましょう。

2級…短い文

🔊 29) 틈을 내서 소꿉친구에게 편지를 썼다.　　(2001年秋季 第17回)

🔊 30) 아껴 쓰고 저축해서 겨우 집을 마련했지요.
(2001年秋季 第17回)

🔊 31) 나를 도와주기는커녕 자기 일도 제대로 못하잖아.
(2001年秋季 第17回)

🔊 32) 어머니의 갑작스런 죽음에 가슴이 찢어지는 듯했다.
(2001年秋季 第17回)

■左ページの日本語訳

29) 時間の合間を縫って幼なじみに手紙を書いた。

30) 節約し貯蓄してやっと家を買ったんです。

31) 私を手伝ってくれるどころか自分のことすら満足に出来ないじゃないか。

32) 母の突然の死に胸が張り裂けそうだった。

2級…短い文

🔊 33) 요즘 통일 이야기로 떠들썩하던데요.　　(2001年春季 第16回)

🔊 34) 물어보나 마나 안 했다고 시침 뗄 거야.　(2001年春季 第16回)

🔊 35) 부모들의 교육열이 도시 인구 증가를 부채질하고 있다.
(2001年春季 第16回)

🔊 36) 흥정은 붙이고 싸움은 말리란다.　　(2001年春季 第16回)

2級…短い文

■左ページの日本語訳

33) 近頃統一の話題で持ちきりですね。

34) 聞いたところでやってないとしらを切るだろうよ。

35) 父母たちの教育熱が都市の人口増加をあおっている。

36) 話し合いは取り持ち、けんかはやめさせよと言った。

2級…短い文

🔊 37) 비린내 나는 음식은 비위에 맞지 않아요. （2000年秋季 第15回）

🔊 38) 이 작품 속에는 민족의 얼이 담겨 있구나.
（2000年秋季 第15回）

🔊 39) 믿을 만한 소식통에 의하면 의사들이 파업을 한대요.
（2000年秋季 第15回）

🔊 40) 비 온 뒤에 땅이 더 굳어진답니다. （2000年春季 第14回）

■左ページの日本語訳

37) 生臭い食べ物は口に合いません。

38) この作品の中には民族の魂がこもっているね。

39) 信頼できる消息筋によれば医者たちがストライキを起こすそうです。

40) 雨降って地固まるということです。

2級…短い文

41) 현대인은 외국인의 사고방식을 이해해야만 합니다.
(2000年春季 第14回)

42) 꼼꼼한 사람이라고 해서 실수할 때가 없겠어요?
(2000年春季 第14回)

43) 하루종일 방에 틀어박혀서 무슨 고민을 하니?
(2000年春季 第14回)

44) 관객이 떠들어서 말이 들려야지요! (1999年秋季 第13回)

2級…短い文

■左ページの日本語訳

41) 現代人は外国人の考え方を理解しなければなりません。

42) 几帳面な人だって失敗することもあるでしょう。

43) 一日中部屋に閉じこもって何を悩んでいるの。

44) 観客が騒いで話が聞こえないじゃないですか！

2級…短い文

🔊 45) 이웃 사촌이란 말과 같이 의좋게 살아야 한다.

(1999年春季 第12回)

🔊 46) 생각만 해도 등에서 식은땀이 흘러요. (1999年春季 第12回)

🔊 47) 열 길 물 속은 알아도 한 길 사람의 속은 모른다.

(1999年春季 第12回)

🔊 48) 그는 엉터리없는 허풍을 떠니까 안심이 안 된다.

(1998年秋季 第11回)

2級…短い文

■左ページの日本語訳

45) 遠い親戚より近くの他人というように仲良く暮らすべきだ。

46) 考えるだけで背中に冷や汗をかきます。

47) 深い水の中はわかっても人の心はわからない。

48) 彼は途方もないほらを吹くから安心できない。

2級…短い文

49) 가방을 전차간에 잊어버렸다니 기가 막혀 말도 안 나오네.

(1998年秋季 第11回)

50) 골치 아픈 일이 생기고 말았어.

(1998年秋季 第11回)

■左ページの日本語訳

49) かばんを電車の中に忘れるなんて、あきれてものが言えないよ。

50) 困ったことが起きてしまった。

2級…長文

> 2級の長文です。声に出して読んだ後、日本語に訳してみましょう。音声ペンがある方は、聞きながら書きとってみましょう。

🔊 1)

　우리 집은 평소에도 우리 식구끼리만 밥 먹는 날이 없을 정도로 친척끼리 서로 왔다갔다하면서 재미나게 삽니다.

　우리 엄마는 늘 드나드는 가까운 친척한테는 식구를 대하듯이 수수하고 편안하게 대하지만 친할아버지, 할머니가 오셨을 때는 온갖 솜씨를 다 발휘해서 극진히 대접하고 편안하게 해 드려서 그분들에게 이 세상에서 우리 며느리가 제일이라는 만족감을 갖게 해 드립니다.

　그분들이 아빠의 친부모이니까 엄마가 자기 부모를 그렇게 기쁘게 해 드리는 것이 아빠는 얼마나 고맙겠습니까. 그래서 그 감사의 표시로 엄마의 친부모님한테 아빠가 잘해 드리는 것인지도 모릅니다. 아빠의 음식 솜씨는 엄마만 못하지만 외할아버지, 할머니는 자기 딸은 가만히 앉혀 놓고 사위가 앞치마 두르고 만든 요리를 잡수신다는 게 어떤 요리보다도 만족스러우신가 봅니다.

■左ページの日本語訳

1）
　わが家は日ごろから家族だけでご飯を食べる日がないほど、親戚どうし互いに行き来しながら楽しく暮らしています。
　母はしばしば出入りする親しい親戚には家族のように楽に接しますが、祖父母が来たときは腕によりをかけて手厚くもてなし、くつろいでもらい、世界でうちの嫁が一番だという満足感を与えます。
　祖父母は父の親ですから、母が自分の親をそのように喜ばせてくれることが、父にはどんなにありがたいことでしょう。それでその感謝の印として、母の親に父がよくしてあげるのかもしれません。
　父の料理の腕前は母ほどではないけれど、母方の祖父母は自分の娘はだまって座らせておいて、婿がエプロンをつけて作った料理を食べるということが何よりも満足なようです。

（2005年秋季第25回　2級より）

🔊 2)

선배 : 이 기획은 사장님께서 나에게 직접 맡기셨으니까 꼭 성공시키고 싶어. 날 도와줄 수 없을까?

후배 : 제가 할 수 있는 일이라면 뭐든지 할 게요.

선배 : 이번 신제품은 주부층을 대상으로 한 것이라서 여성의 시점과 의견을 적극 살리자는 거야.

후배 : 글쎄요, 한마디로 주부층이라 해도 요구는 다양한데 제 생각이 얼마나 도움이 될지 모르겠어요. 밑천이 들더라도 시험 삼아 만든 제품을 가지고 소비자의 의견을 들어보는 게 어떨까요? 좌우간 선배님의 부탁이니 어떻게든 도와 드려야지요.

■左ページの日本語訳

2）
先輩：この企画は社長が僕に直接任されたから必ず成功させたいんだ。僕を手伝ってくれないか。
後輩：私に出来ることなら何でもします。
先輩：今回の新製品は主婦層を対象にしたものだから、女性の視点と意見を積極的に生かそうと思うんだ。
後輩：そうですねえ、ひとことで主婦層といってもニーズは多様ですから、私の考えがどれくらいお役に立てるかわかりません。資金がかかっても試作品を作って消費者の意見を聞いてみてはどうですか。とにかく先輩の頼みなのでなんとしてもお手伝いしますよ。

（2005年秋季第25回　2級より）

3)

　어려울 때 도와주어야 진정한 친구라는 말이 있다. 평소에 절친한 친구라도 어려움이 닥치면 피하거나 거리를 두는 사람들이 많기 때문이다. 그러나 친구에게 좋은 일이 있을 때 함께 기뻐해 줄 수 있는 사람이야말로 더욱 진정한 친구라는 생각이 든다. 자신은 잘 안 되고 어려운데 친구만 잘 풀릴 때 자기 일처럼 기뻐하고 진심으로 축하해 줄 수 있는 친구가 얼마나 될까? 어려울 때 도와주는 것은 때로는 동정심만으로도 가능하지만 나보다 훨씬 잘 나가는 친구를 보고 진심으로 기뻐해 주는 것은 참된 친구만이 할 수 있는 일이다.

■左ページの日本語訳

3)
　苦しいときに助けてくれてこそ本当の友達だという言葉がある。普段はとても親しい友達でも、困難に直面すると避けたり距離をおく人が多いからである。しかし、友達に良いことがあるとき共に喜んでくれることのできる人こそ、より本当の友達であると思う。とくに、自分はうまくいかず苦しんでいて、友達ばかり順調なとき、自分のことのように喜び、心から祝ってあげることのできる友達がどれほどいるだろうか。苦しんでいるとき助けてあげることは、時には同情心だけでも可能であるが、自分よりはるかにうまくいっている友達に対して、心から喜んであげることは本当の友達にだけできることなのだ。

（2005年春季第24回　2級より）

2級…長文

🔊 4)

응시자 : 수험 번호 165번 김종석입니다. 잘 부탁드리겠습니다.
면접원 : 우리 회사를 지망하게 된 동기는 무엇인가요?
응시자 : 외국과의 일이 많아서 국제 감각을 익힐 수 있을 것 같았구요. 또 장래성도 밝아 보였습니다.
면접원 : 어떤 부서에서 일하기를 원합니까?
응시자 : 제 장점을 살릴 수 있는 영업 부서에서 일하고 싶은데요. 하지만 아무 일이나 맡겨 주시면 열심히 하겠습니다.
면접원 : 아주 적극성이 있어서 좋습니다. 자신의 장점이 뭐라고 생각합니까?
응시자 : 우선 남하고 잘 어울리는 거구요, 또 매사*에 적극적인 사고 방식입니다.
면접원 : 특별히 자신 있는 특기는 어떤 게 있나요?
응시자 : 외국어 가운데 특히 일본어를 잘합니다.

*매사 – 事ごと、万事

■左ページの日本語訳

4）
志望者：受験番号165番、キム・ジョンソクです。よろしくお願い致します。
面接員：私どもの会社を志望した動機は何ですか。
志望者：外国との仕事が多く、国際感覚を身に付けることができると思いましたし、将来性があると思いました。
面接員：どんな部署で働きたいですか。
志望者：自分の長所を生かすことのできる営業部署で働きたいのですが、どんなことでも任せてくだされば一生懸命に頑張ります。
面接員：とても積極性があって良いですね。自分の長所は何だと思いますか。
志望者：まず、社交性があることと、また何事にも積極的な点です。
面接員：とりわけ自信のある特技はどんなものがありますか。
志望者：外国語のなかで、特に日本語が得意です。

（2005年春季第24回　2級より）

2級…長文

🔊 5)

미영 : 기석 씨, 일기예보에서 내일 첫눈이 온다고 했어요.
기석 : 마침 내일은 주말이니까 우리 데이트하는 건 어때요?
미영 : 좋아요. 저도 내일은 아무 약속이 없어요. 그럼 내일 어디서 만날까요?
기석 : 글쎄요, 눈 내리는 벌판을 걸어 보는 것도 좋을 테니까 교외로 한번 나가 볼까요?
미영 : 어디 갈 만한 곳이라도 있나요?
기석 : 드라마 촬영지로 유명한 남이섬으로 갈까요? 거기는 눈 풍경이 아주 아름답다고 하던데요.
미영 : 그런 곳에 가면 마치 드라마의 주인공이 된 기분이 들 것 같네요.
기석 : 그럼 내가 내일 아침에 차를 가지고 미영 씨 집으로 갈까요?
미영 : 차도 좋지만 기차를 타고 가는 게 안전하니까 역에서 만나기로 해요.

■左ページの日本語訳

5）

ミヨン：キソクさん、天気予報で明日初雪が降ると言っていましたよ。

キソク：ちょうど明日は週末だからデートするのはどうですか。

ミヨン：いいですよ。私も明日は何の約束もありません。では、どこで会いましょうか。

キソク：そうですね。雪の降る野原を歩いてみるのも良さそうですから、郊外へ出てみましょうか。

ミヨン：どこかいい所はありますか。

キソク：ドラマのロケ地で有名なナミ島はどうですか。あそこは雪景色がとても美しいそうですよ。

ミヨン：そういう所へ行けば、まるでドラマの主人公になったような気分になりそうですね。

キソク：では、私が明日の朝、車でミヨンさんの家へ行きましょうか。

ミヨン：車もいいですが、列車に乗っていくのが安全ですから、駅で会うことにしましょう。

（2004年秋季第23回　2級より）

6)

민규 : 은빈 씨, 요즘 젊은이들의 취미 가운데 제일 많은 건 뭔가요?
은빈 : 얼마 전의 여론 조사를 보니 남자들의 취미는 여행이 가장 많았구요. 그 다음이 등산과 독서의 순서였답니다.
민규 : 그럼 여자들은 어떤 취미가 많았나요?
은빈 : 여자들의 취미로는 독서가 가장 많았어요. 그 다음이 여행이구요. 세 번째는 음악 감상이었어요.
민규 : 독서와 여행은 남녀 모두 상위권*을 차지했군요.
은빈 : 네, 남자는 등산이 많고 여자는 음악 감상이 많았다니 좀 이해가 가기도 하네요.
민규 : 그런데 은빈 씨의 취미는 뭔가요?
은빈 : 저도 여행과 독서를 아주 좋아하는데요. 그 다음은 영화 보는 걸 좋아해요.

*상위권－上位圏

■左ページの日本語訳

6）
ミンギュ：ウンビンさん、最近若い人たちの趣味で一番多いのは何ですか。
ウンビン：この前の世論調査を見たら、男性の趣味は旅行が最も多くて、その次は登山と読書の順番だったそうです。
ミンギュ：では、女性はどんな趣味が多かったのですか。
ウンビン：女性の趣味としては、読書が最も多かったです。その次が旅行で、3番目は音楽鑑賞でした。
ミンギュ：読書と旅行は、男女とも上位を占めていますね。
ウンビン：はい。男性は登山が多く、女性は音楽鑑賞が多いというのも何となく理解できますね。
ミンギュ：ところで、ウンビンさんの趣味は何ですか。
ウンビン：私も旅行と読書がとても好きです。その次に映画を観るのが好きです。

（2004年春季第22回　2級より）

🔊 7)

의사 : 어디가 편찮으시죠?
환자 : 어제부터 고열*이 나고 오한이 있는데요.
의사 : 다른 곳은 어디 불편하지 않으세요?
환자 : 뼈 마디마디가 다 쑤시고 온몸이 나른해서 아무 일도 할 수 없어요.
의사 : 어디 좀 볼까요? 독감에 걸리셨는데 편도선까지 많이 부었네요.
환자 : 그저께 비를 맞으면서 농구를 했는데 그때 좀 무리가 간 것 같아요.
의사 : 오늘은 주사를 맞으시고 처방전을 써 드릴 테니까 약국에 가서 약을 지어 사흘 정도 드시면 좋아질 겁니다.
환자 : 그밖에도 특별히 조심해야 할 건 없나요?
의사 : 날씨가 쌀쌀하니까 되도록 찬바람은 쐬지 마시고 안정을 취하시는 게 좋습니다.

*고열 — 高熱

2級…長文

■左ページの日本語訳

7）
医者：どうしましたか。
患者：昨日から高熱が出て悪寒がします。
医者：他に具合が悪いところはありませんか。
患者：節々が全て痛いし、全身がだるくて何もできません。
医者：ちょっと診ましょうか。ひどい風邪で扁桃腺までかなり腫れてますね。
患者：おととい雨の中でバスケットボールをしたんですけど、あのとき無理をしたようです。
医者：今日は注射をして処方箋を書いてあげますから、薬局で調合してもらった薬を3日くらい飲めば良くなるはずです。
患者：他に気をつける点はありますか。
医者：肌寒いので、できるだけ冷たい風にはあたらないで、安静にしてください。

（2003年秋季第21回　2級より）

2級…長文

🔊 8)

박주희 : 김민태 씨, 얼굴이 왜 그렇게 심각해요?
김민태 : 아, 박주희 씨. 퇴근하세요?
박주희 : 네. 근데 뭘 그렇게 심각한 얼굴을 하고 있냐구요.
김민태 : 아……. 지금 자료를 작성하고 있는데 숫자가 영 안 맞아서 말이에요.
박주희 : 무슨 자룐데요?
김민태 : 내일 회의에 낼 자룐데 이렇게 숫자가 안 맞아서야 원……. 내일까지 제대로 해 놓지 않으면 부장님한테 또 혼나겠어요.
박주희 : 어디가 어떻게 안 맞는데요? 한번 봐 봐요.
김민태 : 여기요.
박주희 : 음……. 어? 여기 숫자가 잘못된 거 아니에요?
김민태 : 어디요?
박주희 : 여기요. 숫자를 잘못 옮겨 적었나 봐요. 그러니까 계산이 안 맞죠.
김민태 : 아유, 그랬구나. 살았다! 고마워요, 박주희 씨. 오늘 퇴근 후 시간 있어요?
박주희 : 왜요?
김민태 : 아니, 날 궁지*에서 구해 주었는데 저녁이라도 사 드려야죠.

*궁지 - 窮地

■左ページの日本語訳

8）
パク・チュヒ：ミンテさん、どうしてそんな深刻な顔しているの？
キム・ミンテ：ああ、チュヒさん、もうお帰りですか。
パク・チュヒ：ええ。で、どうしてそんな深刻な顔してるの。
キム・ミンテ：ああ、今、資料を作成してるんだけど、数字がどうしても合わなくてまいっているんですよ。
パク・チュヒ：何の資料なの。
キム・ミンテ：明日の会議に出す資料なんですけど、数字が合わなくて……。明日までにちゃんと資料を準備しておかないと部長にまた叱られちゃうよ。
パク・チュヒ：どこがどう合わないの。ちょっと見せて。
キム・ミンテ：ここです。
パク・チュヒ：うーん……。あら？　ここの数字が間違ってるんじゃない？
キム・ミンテ：どこ？
パク・チュヒ：ほら、ここ。数字を写し間違えたようね。計算が合わないはずよ。
キム・ミンテ：あっ、そうだったのか。助かった！　ありがとう、チュヒさん。今日はこれから時間ありますか。
パク・チュヒ：どうして？
キム・ミンテ：だって、僕を窮地から救ってくれたんだもの、夕食ぐらいごちそうしなくちゃ。

（2002年秋季第19回　2級より）

9)

 일하는 여성, 고학력 여성이 늘면서 출산 기피 현상도 늘고 있다. 개인주의와 사교육비 부담도 원인이다. 경제 활동에 나서는 여성은 1970년 약 370만명에서 2000년에는 900만명으로 뛰었다. 결혼에 대한 부정적 견해가 여성들을 지배하기 시작한 것일까? 초혼 연령이 올라가고 있으며, 미혼 인구가 늘어가고 있다.
 학자들은 출산율이 저하되면 다음과 같은 문제가 생긴다고 보고 있다. 우선 인구가 고령화된다. 따라서 경제 활동 인구가 감소되고 노동력이 부족해진다. 자연히 어린이나 노인들을 부양하기 위한 비용이 증가할 것이다. 이러한 것을 극복하기 위해서는 무엇보다도 노동의 질을 높여야 할 것이다. 일부에서는 출산율을 높이기 위한 대책으로 출산 보육비 지급 등을 주장하고 있으나, 평균 육아 비용이 한 달에 60만원이라는 조사가 나올 정도의 상황에서는 별 도움이 되지 못한다. 그보다는 전문 보육 서비스와 아버지를 위한 육아 휴직제를 실시하는 것이 더 바람직한 것이 아닐까?

■左ページの日本語訳

9）
　仕事をする女性、高学歴の女性が増える一方で出産を忌避する現象も増えている。個人主義と私的教育費の負担も原因だ。経済活動に乗り出す女性は1970年の約370万名から2000年には900万名にはねあがった。結婚に対する否定的な見解が女性を支配し始めたのであろうか。初婚年齢が上がっており、未婚の人口が増えつつある。
　学者たちは出産率が低下すれば次のような問題が生じると見ている。まず人口が高齢化する。よって経済活動人口が減少し労働力が不足する。当然子どもや老人を扶養するための費用が増えるであろう。このような問題を克服するためには何よりも労働の質を高めねばならないだろう。一部では出産率を高めるための対策として出産保育費支給などを主張しているが、平均育児費用がひと月に60万ウォンかかるという調査結果が出るほどの状況ではたいした助けにはならない。それよりも専門家による保育サービスと父親のための育児休暇制度を実施することの方がもっと望ましいことではないだろうか。

（2001年秋季第17回　2級より）

2級…長文

🔊 10)

　개인의 능력과 가치에 따라 봉급 수준이 결정되는 연봉제* 시대가 오고 있다. 그러면 연봉을 많이 받는 사람들의 성공 비결*은 무엇일까? 외국계 보험 회사에 다니고 있는 K 씨는 자신의 성공 비결을 다음과 같이 말하고 있다.

　"연봉을 많이 받는 것은 실력이 뛰어나기 때문만이 아닙니다. 또 동료와의 치열한 경쟁에서 승리했기 때문도 아닙니다. 자신의 능력과 실력을 기반으로 동료들에게 신뢰를 얻었기 때문이지요. 바꾸어 말하면, 동료들의 도움을 받아서 성공한 수혜자*라고 할까요?"

　K 씨는 지난해 2월에 건설 회사 기획 팀장직을 내던지고 리스크가 많은 보험 영업직을 택했다.

　보험 영업이라는 것이 잘만 하면 고수익*이 보장되지만, 반대의 경우는 자신의 돈마저 투입해 실적을 짜맞추기도 하는 직업이다. 그럼에도 불구하고 K 씨가 보험영업직을 택한 이유는 다음과 같다.

　"보험 영업은 현장에서 고객들의 목소리를 생생히 들을 수 있기 때문이다. 직접 그들을 만나고 불평을 들으며 서비스를 하나씩 개선할 수 있다. 전의 직장에서는 중간 관리자로서 의사 결정권이 없었지만, 혼자서 뛰는 사업인 보험은 자신이 직접 의견을 낼 수 있고 최종 결정을 할 수 있다."

*연봉제 ― 年俸制　　　*비결 ― 秘訣
*수혜자 ― 恵みを受ける人　*고수익 ― 高収益

■左ページの日本語訳

10)
　個人の能力と価値によって給与水準が決まる年俸制の時代が到来している。では、年俸をたくさんもらう人たちの成功の秘訣は何であろうか。外資系保険会社に勤務しているK氏は自身の成功の秘訣を次のように語っている。
　「年俸をたくさんもらっているのは実力が飛び抜けているということだけではありません。また、同僚とのし烈な競争で勝利したためでもありません。自分の能力と実力を基盤にして同僚達に信頼を得たからですよ。言葉を換えれば、同僚達の助けで成功した恵まれた者と言えるでしょう。」
　K氏は昨年2月に建設会社の企画チーム長職をなげうって、リスクが多い保険営業職を選んだ。保険営業職というのはうまくやりさえすれば高収入が保証されるが、反対の場合は自分のお金まで注ぎ込んで実績を作り上げねばならない職業である。それにもかかわらずK氏が保険営業職を選んだ理由は次の通りだ。
　「保険営業は現場で顧客の声を生き生きと聞くことができるからだ。直接彼らに会って不平を聞き、サービスを一つずつ改善することができる。前の職場では中間管理者として意思決定権がなかったが、一人で走り回る仕事である保険は自分が直接意見を出せるし、最終決定ができる。」

（2000年春季第14回　2級より）

1級…短い文

> 1級の短い文章です。声に出して読んだ後、日本語に訳してみましょう。音声ペンがある方は、聞きながら書きとってみましょう。

🔊 1) 뜸 들이지 말고 할 말 있으면 빨리 하라고.

(2005年秋季 第25回)

🔊 2) 그의 말은 약간 에누리해서 들어야 한다. (2005年秋季 第25回)

🔊 3) 이번 사건이 원인이 되어 비리가 다 드러나게 되었다.

(2005年秋季 第25回)

🔊 4) 그는 뒤가 없이 싹싹한 사람이다. (2005年秋季 第25回)

1級…短い文

■左ページの日本語訳

1） もったいぶらないで言いたいことがあれば早く言いなよ。

2） 彼の話は少し割り引いて聞かなければならない。

3） 今度の事件が元で不正がみな明らかになった。

4） 彼はあとくされがなく気さくな人だ。

1級…短い文

5) 혼사를 앞두고 웬 시름이냐? （2005年秋季 第25回）

6) 신혼생활이 깨가 쏟아지겠다. （2005年春季 第24回）

7) 한끼쯤 굶은들 무슨 대수냐? （2005年春季 第24回）

8) 불쾌한 일이 비일비재다. （2005年春季 第24回）

1級…短い文

■左ページの日本語訳

5）婚礼を目前にして何を心配しているんだ。

6）新婚生活が楽しくて仕方がないだろう。

7）一食ぐらい抜いたってどうってことないだろう。

8）不愉快なことが一度や二度ではない。

1級…短い文

9) 이래 봬도 명색이 사장이다. （2005年春季 第24回）

10) 가위에 눌렸나 보다. （2004年秋季 第23回）

11) 대단치도 않은 일인데 비행기 태우지 마세요.
（2004年秋季 第23回）

12) 예산은 주먹구구식으로 계산됐을 가능성이 크다.
（2004年春季 第22回）

1級…短い文

■左ページの日本語訳

9）こう見えても一応は社長だ。

10）悪夢にうなされたようだ／金縛りにあったようだ。

11）大したことでもないのに、おだてないでください。

12）予算はどんぶり勘定で計算された可能性が大きい。

1級…短い文

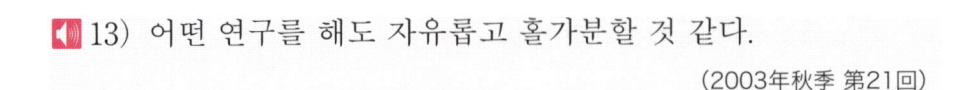

13) 어떤 연구를 해도 자유롭고 홀가분할 것 같다.
(2003年秋季 第21回)

14) 아직 철없는 어린애를 주눅이 들도록 야단친 건 과연 어떨지……?
(2003年春季 第20回)

15) 대출을 받아 어렵게 산 새 차라 긁힐세라 흠날세라 조심조심 운전을 했습니다.
(2002年秋季 第19回)

16) 일찍 일어나 동트는 하늘을 보는 기쁨은 무엇과도 바꿀 수가 없다.
(2002年春季 第18回)

120

1級…短い文

■左ページの日本語訳

13) どんな研究をしても自由で気が楽になりそうだ。

14) まだ物心もつかない幼い子どもを縮みあがらせるほど叱るのは果たしてどんなものか。

15) ローンでやっと買った新車なのでひっかけたり、傷をつけないように気をつけて運転しました。

16) 早起きして、明るむ空を眺める喜びはかけがえのないものだ。

1級…短い文

🔊 17) 부모님이 시키는 대로 하면 뭐가 덧나냐? 왜 청개구리같이 어긋나게 구냐. 　　　　　　　　　(2002年春季 第18回)

🔊 18) 외숙모는 앞치마로 눈시울을 훔치며 마냥 서운해 하셨습니다. 　　　　　　　　　(2002年春季 第18回)

🔊 19) 한 두 달의 벼락치기로는 어림도 없는 일이었다. 　　　　　　　　　(2001年春季 第16回)

🔊 20) 다리 아래로 떨어졌다니 그 찬 박살이 났겠다. 　　　　　　　　　(2001年春季 第16回)

■左ページの日本語訳

17）親から言われるとおり行動して、何が悪い。何であまのじゃくみたいに言うことを聞かないの。

18）母方のおばはエプロンで涙を拭きながら、とても残念がっていました。

19）ひと月やふた月のにわか仕事ではとうてい不可能なことだった。

20）橋の下に落ちたと言うから、その車は粉々になっただろう。

1級…短い文

21) 자그마치 8년 동안이나 더부살이를 하였다.

(2001年春季 第16回)

22) 끼니도 거르고 잠도 설쳐서 녹초가 됐지 뭐예요.

(2001年春季 第16回)

23) 그분은 우러러 볼 수밖에 없는 훌륭한 스승이었다.

(2000年秋季 第15回)

24) 나는 호기심과 기대감에 가슴이 부풀었다.

(2000年秋季 第15回)

■左ページの日本語訳

21) 8年もの長い間、居候していた。

22) 食べ物もろくに食べず、睡眠もろくに取らなかったので、へとへとになりましたよ。

23) その方は尊敬すべき立派な先生であった。

24) 私は、好奇心と期待に胸がふくらんだ。

1級…短い文

25) 함박눈이 펄펄 날리는 어느 추운 날이었다.

(2000年春季 第14回)

26) 그는 늘 검소하고 단정한 옷차림을 하고 있었다.

(2000年春季 第14回)

27) 그분은 선량하기 짝이 없는 분이었다.　(2000年春季 第14回)

28) 오늘도 하늘은 더할 나위 없이 맑았다.　(1999年秋季 第13回)

■左ページの日本語訳

25）ぼたん雪が舞うある寒い日であった。

26）彼はいつも質素できちんとした身なりをしていた。

27）その方は善良なことこの上ない方だった。

28）今日も空はこの上なく澄んでいた。

1級…短い文

29) 누구나 사람들 사이에서 울고 웃고 부대껴야 한다.

(1999年秋季 第13回)

30) 이제부터는 피차의 새로운 문화 창조가 필요할 것이다.

(1999年春季 第12回)

31) 수출이 석달째 뒷걸음질 치고 있다.　(1999年春季 第12回)

32) 그는 넓고 쾌적한 연구실에서 일하고 있었다.

(1999年春季 第12回)

1級…短い文

■左ページの日本語訳

29) 誰もが人々の中で泣いたり笑ったりもまれなくてはならない。

30) これからはそれぞれの新しい文化の創造が必要であろう。

31) 輸出が3ヶ月間引き続き後退している。

32) 彼は広くて快適な研究室で働いていた。

1級…短い文

🔊 33) 지금은 누구의 잘잘못을 따질 때가 아니에요.

(1998年秋季 第11回)

🔊 34) 질서가 문란한 사회에 경종을 울려야 한다.

(2005年秋季 第25回　準1級)

🔊 35) 온천은 피로를 풀기엔 안성맞춤이지.

(2005年秋季 第25回　準1級)

🔊 36) 세계적인 자동차공업 지대로 탈바꿈되었다.

(2005年春季 第24回　準1級)

■左ページの日本語訳

33）今は誰それの是非をとやかく言っている場合ではありません。

34）秩序の乱れた社会に警鐘を鳴らさなくてはいけない。

35）温泉は疲れをとるのにぴったりだ。

36）世界的な自動車工業地帯に変貌した。

1級…短い文

37) 새 옷을 맞추기 위해 치수를 잰다. (2004年秋季 第23回 準1級)

38) 목욕하고 나니 몸이 개운해졌다. (2004年秋季 第23回 準1級)

39) 인정이란 눈곱만큼도 없는 사람이야.
(2004年秋季 第23回 準1級)

40) 애지중지 길러 낸 막내를 결혼시켰다.
(2004年春季 第22回 準1級)

■左ページの日本語訳

37) 新しい服をあつらえるために寸法を測る。

38) お風呂に入ったのでさっぱりした。

39) 人情のかけらもない人だ。

40) 大事に育てた末っ子を結婚させた。

1級…短い文

41) 원한은 보복을 통해 갚아지는 것이 아니다.

(2004年春季 第22回　準1級)

42) 그 사람의 일거수일투족을 낱낱이 살펴 봐라.

(2004年春季 第22回　準1級)

43) 바람이 부는 한겨울의 추위는 실제보다 체감 온도가 낮을 때가 있다.

(2003年秋季 第21回　準1級)

44) 가슴 속에 맺힌 한을 토해내는 것 같았다.

(2003年秋季 第21回　準1級)

1級…短い文

■左ページの日本語訳

41) 恨みは報復をもって晴らされるものではない。

42) その人の一挙一動を一つ残らず探って見ろ。

43) 風が吹く真冬の寒さは、実際より体感温度が低い場合がある。

44) 心の中にたまった恨みを吐き出すようだった。

1級…短い文

45) 호랑이로 유명한 교장 선생님 앞에서는 오금이 저려서 꼼짝도 못해요. （2003年春季 第20回 準1級）

46) 좀이 쑤셔서 그냥 있지 못하고 벌떡 자리를 차고 일어났습니다. （2002年秋季 第19回 準1級）

47) 차만 타면 멀미를 하는 통에 젊어서도 읍내 나들이조차 제대로 못했습니다. （2002年秋季 第19回 準1級）

48) 여러분들은 무엇이 진정 값어치가 있는 일인지 모름지기 잘 생각하여 행동해야 합니다. （2002年春季 第18回 準1級）

1級…短い文

■左ページの日本語訳

45) 恐ろしいことで有名な校長先生の前では、射すくめられて何もできません。

46) 居ても立ってもいられなくて、ぱっと席を蹴って立ち上がりました。

47) 車に乗るとすぐ酔ってしまうので、若いとき、町に出るのもままならなかったのです。

48) みなさんは本当に価値のあることが果たして何なのか、すべからく熟慮して行動しなければなりません。

1級…短い文

49) 인기척에 놀랐는지 멈칫 뒷걸음을 치며 물러났다.

(2002年春季 第18回 準1級)

50) 당분간 기온 변화가 심할 것으로 예상되나, 추위는 내일부터 차차 누그러지겠습니다.

(2002年春季 第18回 準1級)

1級…短い文

■左ページの日本語訳

49) 人の気配に驚いたのか、思わず後ずさりし、その場を去った。

50) 当分の間、気温の変化が大きいことが予想されますが、寒さは明日から次第に和らぐでしょう。

1級…長文

> 1級の長文です。声に出して読んだ後、日本語に訳してみましょう。音声ペンがある方は、聞きながら書きとってみましょう。

1)
남 : 김치는 우리나라의 가장 대표적인 반찬으로 꼽히지요.
여 : 그래요. 최근에는 김치가 맛과 영양, 그리고 건강을 위해서도 매우 뛰어난 식품으로 인정받고 있어요.
남 : 옛날엔 늦가을부터 겨울 내내 채소를 먹을 수 없었기 때문에 김치를 담가 놓고 겨우내 먹었지요.
여 : 곡식을 주식으로 먹는 우리 민족에게는 비타민을 보충하기 위해 채소 반찬이 반드시 필요했던 거죠. 우리 나라 사람들은 언제부터 김치를 먹었어요?
남 : 삼국 시대에 이미 절인 채소를 먹었답니다. 물론 지금처럼 여러가지 양념이 들어가지 않고 소금으로 절이기만 한 것이었지요.
여 : 요즘 먹는 김치는 대체로 고춧가루로 버무려 붉은 빛이 나는데요.
남 : 고추가 우리나라에 들어온 것은 16세기 말이었고 본격적으로 우리 음식에 사용된 것은 18세기부터였어요.
여 : 처음 듣는 데요.
남 : 김치에 고춧가루가 들어가면서 김치 문화는 더욱 발전했어요. 고춧가루를 넣은 김치는 빨리 시어지지 않아요. 그전에는 김치가 쉬 시어지고 상했기 때문에 소금을 듬뿍 넣어 매우 짰어요. 그런데 고춧가루를 넣으니 소금을 적게 넣고도 맛있는 김치를 오래 먹을 수 있게 되었답니다.

1級…長文

■左ページの日本語訳

1）
男：キムチは私たちの国の最も代表的なおかずに数えられますね。
女：ええ。最近ではキムチが味と栄養、そして健康のためにもとても優れた食品として認められています。
男：昔は晩秋から冬の間ずっと野菜をとることができなかったため、キムチを漬けておいて冬の間中食べたんですね。
女：穀物を主食とするわが民族にとってビタミンを補充するために野菜のおかずが必要だったんですね。わが国の人たちはいつからキムチを食べたんですか？
男：三国時代にすでに漬けた野菜を食べたそうです。もちろん今のようにいろんな調味料が入っておらず、塩で漬けただけのものでした。
女：最近食べるキムチは大体唐辛子粉で和えて赤い色ですけどね。
男：唐辛子が私たちの国に入ってきたのは16世紀末ですし、本格的に料理に使われるようになったのは18世紀からでした。
女：初めて聞きました。
男：キムチに唐辛子粉が入る事によってキムチの文化はさらに発展しました。唐辛子粉を入れたキムチはすぐ酸っぱくなりません。以前はキムチが酸っぱくなりやすく、傷んだために塩をたっぷり入れてとてもしょっぱかったんです。ところが唐辛子粉を入れたら、塩が少なくてもおいしいキムチを長い間食べられるようになったそうです。

（2005年秋季第25回　準1級より）

1級…長文

🔊 2)

혜연 : 오빠, 요즘 우리나라 예절이 어떻게 바뀌고 있어요 ?
오빠 : 신분, 나이, 성별에 따른 전통 예절 중에 여성 차별적인 예절들이 서서히 사라져 가고 있어.
혜연 : 그건 반가운 일이네요.
오빠 : 그러면서 결혼 기념일이나 생일 같은 특별한 날에 선물을 전하는 풍속 등이 새로 생겨났지.
혜연 : 말없이 통하던 정의 시대는 가고 표현의 시대가 왔나 봐요. 악수도 새 예절이 맞죠 ?
오빠 : 그럼. 남자의 문화처럼 여겨지던 악수가 여자들끼리나 이성간에도 점차 보편화되고 있어.
혜연 : 악수는 원래 서양 풍속이 아니었어요 ?
오빠 : 그래. 서양 풍속이 들어온 것이기는 하나 시대의 변화를 보여주는 것이라 생각해.
혜연 : 젊은이들이 필요 없다고 생각하는 예절들도 많은 것 같은데요 ?
오빠 : 맞아, 여성 차별적인 예절은 물론이고 손님 초대시 음식을 많이 차리거나 혼수를 많이 준비하는 것 등 많아.
혜연 : 새 세대들은 겉치레의 예절을 불필요한 것으로 생각하니까 그렇겠죠.
오빠 : 옳아. 젊은이들은 형식적인 사고에서 벗어나 실질적이고 자유로운 사고를 하는 것 같아.
혜연 : 그래서 솔직하게 표현하는 새로운 예절이 점차 많아지고 있구만요.

■左ページの日本語訳

2）
ヘヨン：兄さん、最近わが国の礼節がどう変わりつつあるの。
兄　：身分、年齢、性別による伝統的な礼節の中で女性差別的な礼節が徐々に消えていってるよ。
ヘヨン：それは喜ばしいことね。
兄　：その一方で結婚記念日や誕生日のような特別な日にプレゼントを贈る習慣などが新しく生まれたよ。
ヘヨン：言葉にして言わなくても通じ合えた情の時代は去って、表現の時代が到来したみいね。握手も新しい礼節でしょう。
兄　：もちろん。男性の文化のように思われていた握手が女性どうしや、異性間でもだんだん普遍化されているよ。
ヘヨン：握手は元来西洋の習慣ではなかったの。
兄　：そうさ。西洋の習慣が入ってきたものではあるけれど、時代の変化を見せてくれるものだと思うよ。
ヘヨン：若者が必要でないと思うマナーも多いと思うけど。
兄　：そうだね。女性差別的な礼節はもちろんのこと、客を招待した時ごちそうをたっぷり準備したり、婚礼家具をたくさん準備することなど、色々あるよ。
ヘヨン：新世代は見せかけだけのマナーを不必要なものと考えるからね。
兄　：その通り。若者たちは形式的な思考から抜け出して実質的で自由な考え方をするようだよ。
ヘヨン：だから正直に表現する新しい礼節が徐々に増えているのね。

（2004年秋季第23回　準1級より）

3)
영순 : 우리가 보는 신문들은 많은 정보를 담고 있어요.
희영 : 그래요. 기사는 신문의 가장 중요한 부분인데 사실을 전해 주지요.
영순 : 신문엔 광고도 꽤 많던데요.
희영 : 맞아요. 광고는 상업적 정보죠. 그리고 보면 상업적인 이윤 추구 또한 신문을 만드는 중요한 이유라는 걸 알 수 있어요.
영순 : 근데 요즘엔 텔레비전 뉴스를 더 많이 보잖아요. 소식도 더 빠르고요.
희영 : 그렇긴 하지만 신문은 가지고 다니며 읽을 수 있고 보고 싶은 내용만 골라 볼 수 있다는 장점이 있죠. 그래서 아직도 신문을 이용하는 사람들이 많은가 봐요.
영순 : 최근에는 신문도 크게 변하고 있대요.
희영 : 그럼요. 컬러 사진이나 도표를 써서 읽는 신문에서 보는 신문으로 바뀌고 있어요. 다양한 독자층을 고려한 내용도 늘어나고 있고요.
영순 : 신문은 중요한 매체이긴 하지만 정치적인 의도에 맞게 여론을 만들어 간다는 비판도 있어요.
희영 : 옳아요. 하기에 정보의 옳고 그름을 판단하는 것은 우리 독자들 몫이지요. 독자들의 비판 위에서 좋은 신문이 나올 수 있을 거라고 생각해요.

■左ページの日本語訳

3）
ヨンスン：私たちが読む新聞はたくさんの情報を収めています。
ヒ ヨ ン：そうです。記事は新聞のもっとも重要な部分で、事実を伝えてくれます。
ヨンスン：新聞には広告も多いですよね。
ヒ ヨ ン：その通りです。広告は商業的情報です。そうみると商業的な利潤の追求もまた新聞を作る重要な理由である事がわかります。
ヨンスン：しかし、最近ではテレビのニュースをもっとよく見るじゃないですか。情報ももっと速いですし。
ヒ ヨ ン：そうではありますが、新聞は持ち歩いて読む事ができるし、読みたい内容だけ選んで読めるという長所があるでしょう。だから今なお新聞を利用する人が多いようです。
ヨンスン：最近では新聞も大きく様変わりしているそうです。
ヒ ヨ ン：そうですとも。カラー写真やグラフを使って読む新聞から見る新聞に変わりつつあります。多様な読者層を考慮した内容も増えていますし。
ヨンスン：新聞は重要な媒体ではありますが、政治的な意図によって世論を作りあげていくという批判もあります。
ヒ ヨ ン：その通りです。だから情報の正誤を判断するのは私たち読者の役割でしょう。読者の批判に基づいてこそ良い新聞ができると思います。

（2004年秋季第23回　1級より）

1級…長文

🔊 4)

동생 : 오빠, 왜 육상 경기나 스케이트 경기에선 트랙이나 링크를 돌 때 꼭 시계 반대 방향으로만 돌아요?

오빠 : 나도 정확한 건 잘 모르지만, 인간의 심장이 가슴 왼쪽에 있기 때문이라는 설도 있고, 또 한 가지는 지구의 자전 방향과 일치하기 때문이라는 얘기를 들은 적도 있어.

동생 : 그 얘길 듣고 보니 시계 방향으로 도는 건 좀 어색한 기분이 들 것 같기도 하네요. 아 참, 그리고 저는 흔들리는 전철에 서 있을 때도 모르는 사이에 무게 중심이 왼쪽 다리에 실리게 되는 경우가 많은 것 같아요.

오빠 : 왼쪽을 축으로 삼다 보니까 반대편인 오른쪽이 자유롭게 돼서, 그 결과 오른손잡이, 오른발잡이가 늘어나게 된 건지도 모르지.

동생 : 그렇다고 너무 오른쪽만 혹사하는 건 뭔가 좀 안됐다는 기분도 드네요.

오빠 : 그래서 스포츠 의학에서는 평소에 잘 안 쓰는 쪽을 보강하기 위한 노력도 게을리하지 않는 것 같아.

동생 : 맞아요. 뭐든지 지나치게 한 쪽에만 치우치는 건 바람직하지 못하니까요.

■左ページの日本語訳

4）
妹：兄さん、どうして陸上競技やスケート競技では、トラックやリンクを回るとき、決まって時計と逆方向に回るの？
兄：ぼくも正確なことはよくわからないけれども、人間の心臓が左側にあるからだという説もあるし、もうひとつ、地球の自転の方向と一致するからという話も聞いたことがあるよ。
妹：その話を聞くと、時計回りはちょっと変な気がしなくもないわね。あっそうだ、それに揺れる電車に立っているときも、いつのまにか体の重心が左側の足にかかっていることが多いような気がするわ。
兄：左側を軸にした結果、反対の右側が自由になって、それで右利き、利き足が右という人が増えたのかもしれないな。
妹：だからといって、あまりにも右側ばかり酷使するのは、ちょっとどうかなという気もするわね。
兄：それでスポーツ医学では、日頃あまりよく使わない方を補強するために努力も怠らないみたいだよ。
妹：そうよね。何でも一方にだけ偏りすぎるのは望ましくないものね。

（2003年春季第20回　準1級より）

5)

우리나라 사람들은 여러 광고 중에서 유머 광고를 가장 선호한다고 합니다. 밖에서 고단한 하루를 마치고 파김치가 되어 집에 돌아왔을 때, 집에서 텔레비전의 광고를 보면서마저 얼굴을 찡그리고 싶은 사람은 아무도 없을 것입니다.

어느 날 할 것 없이 신문을 펼쳐 보면 우울하고 끔찍한 기사만 득실거리는 게 현실입니다. 정치면에서는 서로 자기가 잘났다고 아귀다툼이며, 사회면은 이기적이고 잔인한 기사로 넘쳐흐릅니다. 이제 사람들은 소설도 잘 읽지 않습니다. 그것은 현실이 허구의 세계보다 더 잔혹하고 드라마틱하기 때문입니다. 그러나 광고에서의 유머는 현실의 우울함을 잊게 해 주는 청량제와 같은 역할을 해 줍니다. 그래서 우리 사회는 은근히 유머 광고를 바라고 있는지도 모르겠습니다.

더군다나 광고가 생활의 윤택함을 더해 주는 오락으로서 각광을 받고 있는 오늘날, 제품의 선전과 크게 빗나가지 않는다면 유머 광고는 일단 충분한 효과를 거두고 있는 셈입니다. 비교적 유머 광고를 꺼리던 은행 광고나 기업 이미지 광고에서도 유머 광고를 시도하는 경우가 많아졌습니다.

그러나 사람들은 유머 광고라고 해서 무조건 좋아하지는 않습니다. 물론 유머 광고는 재미야 있겠지만, 한바탕 웃음을 터트린 다음에는 왠지 허탈함이 따르는 경우가 많습니다. 앞으로는 유머 광고를 보고 난 뒤에도 가슴이 훈훈해지며, 기쁨과 여운이 남는 광고가 많아졌으면 좋겠습니다.

1級…長文

■左ページの日本語訳

5）
　わが国の人々は、色々な広告のなかでもユーモア広告を一番好むと言われています。外で一日を送り疲れきって帰宅したとき、家でテレビの広告を見てまで顔をしかめたい人はどこにもいないでしょう。

　毎日のように、新聞を開くと憂うつでむごい記事ばかりあふれているのが現実です。政治面においては、お互いに自分ばかりが偉いといって、口論を繰り広げ、社会面は利己的かつ残忍な記事であふれています。もはや人々は小説もろくに読みません。なぜならば、現実は虚構の世界よりももっと残酷でドラマチックであるからです。しかし、広告におけるユーモアは現実の憂うつさを忘れさせる清涼剤のような役割をしてくれます。それで、わが社会では密かにユーモア広告を求めているのかもしれません。

　さらに、広告が生活の潤沢さを増してくれる娯楽として脚光を浴びている今日において、製品の宣伝と大きく外れなければ、ユーモア広告はひとまず、十分な効果を収めているわけです。比較的ユーモア広告を嫌っていた銀行や企業のイメージ広告においてもユーモア広告を試みる場合が多くなりました。

　しかし、人々はユーモア広告だからといって、何でも好き、というわけではありません。もちろん、ユーモア広告はおもしろくはありますが、ひとしきり笑い飛ばした後は、何となく虚しくなる場合が多々あります。これからはユーモア広告を見た後にも、心が温まり、喜びと余韻の残る広告が多くなればと思います。

（2002年秋季第19回　1級より）

1級…長文

🔊 6)

　걷기는 모든 사람들이 하기에 가장 쉽고 친근한 운동입니다. 매일 꾸준히만 한다면 달리기와 맞먹는 운동 효과를 거둘 수 있으며, 또 몸에 무리가 가지 않아 부작용이 없습니다.

　터벅터벅 걸어서는 살빼기의 효과가 없습니다. 속보로 숨이 약간 가쁠 정도로 하루에 최소한 1시간 정도의 운동 시간을 가져야 합니다. 또 뱃살을 빼기 위해서는 큰 걸음으로 걷되, 팔도 그에 맞춰 크게 흔들며 빠른 걸음으로 걸어야 합니다. 그러나 숨이 찰 정도로 너무 빠른 속도는 오히려 몸에 해로우므로 마음의 여유를 갖고 조금 빠른 속도로 걷는게 뱃살을 빼는 지름길입니다.

　걸을 때는 어깨의 힘을 빼고 허리를 쭉 편 후에 발꿈치부터 대고 발바닥은 바깥 쪽에서 안으로 대며 자기 키에서 100cm를 뺀 정도의 보폭으로 걷도록 합니다. 걷기 전에 가벼운 준비 운동으로 몸을 풀고 시작하는 게 더욱 좋습니다.

■左ページの日本語訳

6）
　歩くことは、誰でもできる最も簡単で身近な運動です。毎日、休まず続ければ走ることに相当する運動効果をあげることができ、また、身体に無理がないので、弊害がありません。

　とぽとぽと歩いてはダイエットの効果はありません。はや歩きで、少し息が切れるくらい、一日に最低でも一時間程度の運動時間を持たなくてはいけません。

　また、おなかのぜい肉を取るためには大股で歩き、腕もそれに合わせて大きく振り、はや歩きで歩かなければなりません。しかし、息があがるくらいの速すぎるスピードはかえって健康に悪いため、気持ちの余裕を持って少し早めに歩くのが、おなかのぜい肉を取るための近道です。

　歩くときは肩の力を抜き、しゃきっと背筋を伸ばして、かかとから付けて足の裏は外側から内側に当て、自分の身長から100cmを引いたくらいの歩幅で歩くようにします。歩く前に軽い準備運動をして身体をほぐしてから始めると、より効果的です。

（2002年春季第18回　1級より）

7)

민수 : 올해는 어떤 일이 있어도 담배를 끊어 볼까 해.
우현 : 그래 잘 생각했어. 요즘 담배 끊기가 대유행이라는데 끊으시지.
민수 : 글쎄, 끊고 싶기는 한데 뜻대로 잘 안 돼. 담배 연기로 내 용돈의 반 이상이 날아가 버려. 또 회사에서는 금연하는 사람에게 보너스까지 주는 데 난 못 받아서 속상해.
우현 : 담배는 백해무익하잖아. 더구나 담배 연기는 남에게까지 피해를 주고 말이야. 자칫하면 담뱃불로 인한 화재로 알거지가 되는 수도 있어.
민수 : 몇 번 시도해 봤지만 늘 작심삼일이야. 담배에 한번 중독이 되면 끊기도 만만치 않은 일이야.
우현 : 담배 회사 사장까지 담배의 해로움을 이야기했다잖아. 우리 사회에서는 아직도 담배를 권하는 문화가 남아 있으니 생각해 볼 일이야.
민수 : 글쎄 말이야. 그런데 요즘은 사람들 눈치가 보여서 아무 데서나 담배를 피울 수도 없고……. 또 구석 자리에 쭈그리고 앉아 담배를 피우는 모습이란 게 영 궁색스럽게 보여.
우현 : 시작이 반이라는데 오늘부터 당장 금연을 시작해 보는 게 어때?

■左ページの日本語訳

7）
ミンス：今年は何が何でもタバコを止めようと思うんだ。
ウヒョン：そう、よくぞ決心したね。最近、禁煙ブームだというし、やめた方がいいよ。
ミンス：そうだね。止めたいんだけどうまくいかないんだ。タバコの煙でぼくのお小遣いが半分以上消えてしまうのに。それに、会社では禁煙する人にボーナスまで支給しているのに、ぼくはもらえなくて悔しいよ。
ウヒョン：タバコは百害あって一利なしだよ。しかもタバコの煙は他人に被害を与えるだろう。まかり間違えば、タバコの火に因る火災で一文無しになることさえあるよ。
ミンス：何回も挑戦してみたけど、いつも三日坊主で終わってしまうんだ。一度タバコ中毒になってしまうと、止めることもままならないよ。
ウヒョン：タバコ会社の社長までもタバコの害について話したそうだよ。でも社会的には、タバコを勧める文化がまだ残っているからそれも考えものだよ。
ミンス：そうだね。最近は周りの目が気になって、場所を気にせずタバコを吸うことなんてできないし。だからといって、隅っこにしゃがみ込んでタバコを吸うというのもどうもサマにならないしね。
ウヒョン：始めること、即ち半ば達成というし、さっそく今日から禁煙をはじめてみたらどうだい。

（2002年春季第18回　準1級より）

🔊 8)

　세상의 부모란 게 별반 다를 게 없는가 봅니다. 어느날 신문에 「부모가 자녀들에게 삼가야 할 말」이란 글을 보고 나도 모르게 쓴 웃음을 지었습니다. 그 내용이 마치 우리 집 사정을 속속들이 알고나 있는 사람이 쓴 것 같은 느낌이 들었기 때문입니다.
　"도대체 넌 뭐가 부족하여 공부를 안 하는지 모르겠다", "내가 어쩌다 널 낳아서 이 고생을 하는지 모르겠다", "이렇게 입이 닳도록 말하는 것은 다 널 위해서야", "넌 누굴 닮아 그 모양이니", "내가 너 만할 때는 그 어려운 환경에서도 어떻고 저떻고"라는 말을 삼가란 것이었습니다. 이런 것은 다 자식에 대한 기대와 욕심으로 인한 것으로 오히려 자식에게 상처만 줄 뿐이므로 아니함만 못하다는 것이었습니다. 나도 생각해 보니까 늘 부모님께 그런 말을 들으면서 자랐었지. 아마도 내 딸도 언젠가 또 자기 자식에게 같은 소리를 하지나 않을지 걱정입니다.

■左ページの日本語訳

8）
　世の親というものはたいして違わないようです。ある日、新聞で「親が子どもに慎むべきことば」という記事を読んで、つい苦笑いをしました。その内容というのがまるで、わが家の内情を詳しく知っている人が書いたかのようだったからです。
　「いったいお前は何が不満で勉強をしないのかわからない」、「あんたなんか産むんじゃなかった」、「こんなに口をすっぱくして言うのもみなお前のためだよ」、「誰に似たんだか」、「私がおまえの年頃のときは、厳しい環境の中でどうのこうの」という話を慎むべきだそうです。いずれも子に対する期待と欲求が原因で、かえって子どもを傷つけるばかりで、逆効果だということでした。そういえば、私もいつも親から、似たようなことを言われて育ったな。おそらく、私の娘もいつかは自分の子どもに同じようなことを言うのではないだろうかと心配です。

（2002年春季第18回　準1級より）

1級…長文

🔊 9)

여 : 온돌이라서 불편하셨지요? 허리도 아프실 테고…….
남 : 뭐 그렇지도 않았어요. 저는 침대 생활이 몸에 밴 사람입니다만 바닥이 따뜻하니까 오히려 좋던데요. 참 훌륭한 난방법이에요.
여 : 그래 이부자리는 괜찮으셨어요?
남 : 그런대로 괜찮았어요. 겨울 온돌방은 이렇게 따뜻하고 좋은데, 여름에는 어때요? 설마 여름에도 불을 때는 것은 아니겠지요?
여 : 물론 아니지요. 여름에는 찬 온돌에다가 돗자리를 깔고 문에는 발을 치는데 그러면 얼마나 시원하다구요.
남 : 그래도 냉방 시설이 있는 곳만 하겠어요?
여 : 그렇지 않아요. 대개 남향집을 짓는 데다가 앞뒤로 트인 창들이 있어 서로 맞바람이 부니까 시원하답니다.
남 : 슬기가 대단한데요.

■左ページの日本語訳

9）
女：オンドルなので不便だったでしょう。腰も痛かったでしょうし……。
男：いえ、そうでもありませんでしたよ。私はベッドの生活が身についた人間ですが、床が温かいからかえって良かったです。本当に立派な暖房方法ですね。
女：寝床は大丈夫でしたか。
男：なかなか快適でした。冬のオンドル部屋は、このように温かくていいですが、夏はどうですか。まさか夏にも火を焚いたりしませんよね。
女：もちろん焚きません。夏には冷たいオンドルにござを敷き、戸にすだれをかけるのですが、これが本当に涼しいんですよ。
男：それでも冷房がある部屋ほどではないでしょう。
女：そんなことありません。大抵、南向きに家を建てますし、前と後ろに一対の窓があって、交互に向かい風が入るので涼しいんですよ。
男：すばらしい知恵ですね。

（2001年秋季第17回　1級より）

🔊 10)
남 : 무슨 재미있는 기사라도 있나? 신문을 그렇게 열심히 보게.
여 : 내가 투자한 증권 시세가 어떻게 되었는지 보는 중일세.
남 : 그래 좀 올랐는가? 어제 뉴스를 들으니까 전 종목이 올라서 대호황을 이루었다고 하던데.
여 : 오늘도 주식 시장은 아침부터 사자는 주문이 쇄도해서 괜찮았던 모양이야. 또 큰손들이 속속 등장한다는 소문에 종합 주가 지수가 무려 5포인트나 올랐다고 하데.
남 : 야, 그렇다면 자네 한턱 내야 하는거 아니야?
여 : 그런데 오후에 들어 매물이 쏟아져 나왔기 때문에 약세로 돌아섰다는 거야. 까딱하다가는 손해 볼 것 같아서 조마조마하네.
남 : 저런! 나는 증권 투자를 투기라고만 생각하여 증권에 손대는 사람을 이상하게 봐 왔지. 내 생각으로는 안정성 있는 사업을 해서 노력한 만큼의 대가를 받는 것이 제일 마음 편한 일이 아닌가 하네.
여 : 자네는 증권 재미를 몰라서 그러는 거야.

■左ページの日本語訳

10)
男：何か面白い記事でもあるのかい。新聞をそう熱心に読んで。
女：私が投資した証券の相場がどうなっているのか見ているところ。
男：そう、少し上がったかい。昨日、ニュースを聞いたら全銘柄が上がって大好況になったそうだが。
女：今日も株式市場は朝から買い注文が殺到して良かったようだ。また大口の買い手が続々登場するとの噂で総合株価指数が実に５％も上がったんだって。
男：わあ、それなら君、おごってくれなくちゃ。
女：ところが、午後になって売り物が溢れ出したので軟調な展開になったとのことよ。まかり間違えば損をするかもしれないから、はらはらするわ。
男：なんとまあ！　私は証券投資を投機としてのみ考え、証券に手を出す人をおかしく思って来たんだ。私の考えでは安定した仕事をして、努力した分の代価をもらうのが最も心安らかなことではなかろうかと思うよ。
女：あなたは証券の面白みを知らないからよ。

（2001年秋季第17回　1級より）

🔊 11)
남 : 여보세요? 동양항공사 국내 예약계죠?
여 : 네, 그렇습니다.
남 : 광주행 항공권을 예약하고 싶은데요.
여 : 언제 가십니까?
남 : 내일 갈 예정이에요.
여 : 몇 시 출발이 좋으시겠습니까?
남 : 꼭 11시에 출발하는 거라야 해요.
여 : 잠깐만요.
기다리셨습니다. 내일 11시 비행기는 만원인데요. 모레 11시나 내일 12시 비행기면 타실 수 있습니다만.
남 : 같이 가는 일행이 있어서 꼭 11시라야 해요. 무슨 방법이 없을까요?
여 : 그럼, 잠시만 더 기다려 주세요. 예약을 취소한 손님이 있나 조사해 보겠으니까요. 손님 혼자 가십니까?
남 : 네, 그렇습니다.
여 : 오랫동안 기다리셨습니다. 마침 예약을 취소하신 분이 한 분 있었습니다.
남 : 그럼 부탁합니다.

■左ページの日本語訳

11)
男：もしもし、東洋航空社の国内予約係ですね。
女：はい、そうです。
男：光州行きの航空券を予約したいのですが。
女：ご出発はいつですか。
男：明日、行く予定です。
女：何時発の便をご希望ですか。
男：どうしても、11時出発のでなければいけないんです。
女：少々お待ちください。
　　お待たせしました。明日の11時の便は満席です。あさっての11時か、明日の12時の便でしたらお乗りいただけますが。
男：一緒に行く一行がいるので、必ず11時の便でないといけないんです。何かいい方法はないですか。
女：それではもうしばらくお待ちください。予約を取り消されたお客様がいらっしゃるかお調べします。お一人でご出発ですか。
男：ええ、そうです。
女：長らくお待たせしました。ちょうど予約をキャンセルされた方がお一人いらっしゃいました。
男：それではお願いします。

（2000年秋季第15回　1級より）

1級…長文

🔊 12)

안내원 : 여러분, 찾아와 주셔서 고맙습니다. 저는 볼런티어로 제주도 민속촌을 안내해 드리는 안내원입니다.

손　님 : 이게 제주도의 농간가요?

안내원 : 제주도에서 흔히 볼 수 있는 농가였어요.

손　님 : 여기가 대문인 것 같은데 문이 없네요. 허술하지 않아요?

안내원 : 괜찮아요. 제주도에는 세 가지가 많은 대신 세 가지가 없어요.

손　님 : 바람과 돌과 여자가 많다는 말은 들었지만 없는 건 뭐죠?

안내원 : 대문, 도둑, 거지, 이 세 가지가 없어요. 제주도의 자랑이죠.

손　님 : 육지와는 많이 다르군요.

■左ページの日本語訳

12)
案内員：みなさん、よくおいでくださいました。私はボランティアで済州島の民族村をご案内する案内員です。
観光客：これが済州島の農家ですか。
案内員：済州島でよく見られる農家です。
観光客：ここが門のようだけど、扉がないですね。不用心じゃありませんか。
案内員：大丈夫です。済州島には三つが多いかわりに三つがないんです。
観光客：風と石と女性が多いということは聞いていたけれど、ないのは何ですか。
案内員：門の扉、泥棒、こじき、この三つがないんです。済州島の誇りです。
観光客：本土とは大分違いますね。

（2000年春季第14回　1級より）

1級…長文

🔊 13)

　나는 사교적인 모임이 있을 때마다 차례로 노래를 부르는 목침돌림때문에 큰 고통을 치른다. 이 고통은 경험해 보지 않은 사람은 이해하기 어려울 것이다. 원래 나는 노래를 싫어하는 편은 아니다. 그래서 고등학교 때 배운 노래를 남몰래 연습하기 시작했다. 낮에 아무도 없을 때 작은 목소리로 불러 보았다. 일주일이 지나니까 나도 놀랄만큼 목소리가 커졌다. 이제는 식구가 있건 없건 관계 없이 부르게 됐다. 이제 사교모임이 있으면 친구들을 놀라게 할 것이다.

■左ページの日本語訳

13)
　私は社交的な集まりがあるたびに、順番に歌を歌う遊びに大きな苦痛を感じる。この苦痛は経験してみない人には理解しにくいだろう。私は、もともと歌が嫌いな方ではない。それで高校のときに習った歌をひそかに練習し始めた。昼間、誰もいないときに小さな声で歌ってみた。1週間がたつと、自分でも驚くほど声が大きくなった。今はもう家族がいようがいまいが関係なく歌うようになった。今度集まりがあったら、友人を驚かせるつもりだ。

（2000年春季第14回　1級より）

1級···長文

🔊 14)

여 : 과장님, 저 이영숙인데요, 오늘 못 나가겠어요.

남 : 왜요? 어디가 아프세요?

여 : 그런게 아니고요, 어머니가 쓰레기를 버리러 나가시려다가 별안간 쓰러지셨어요.

남 : 아 그래요? 구급차를 부르셨나요?

여 : 다들 회사에 나가고 집에 저밖에 없거든요. 어떡해야 좋을지 모르겠어요.

남 : 그럼 여기서 연락해서 구급차가 그리 가게 할게요. 연세가 어떻게 되셨죠?

여 : 예순 셋이세요.

남 : 호흡을 제대로 하시나요? 맥을 짚어 보세요.

여 : 약하긴 하지만 괜찮으신 것 같아요.

■左ページの日本語訳

14)
女:課長、私、イ・ヨンスクですが、今日は出られそうにありません。
男:どうしたんですか。体の具合が悪いんですか。
女:いえ、そうではなくて。母がゴミを捨てに外へ出ようとしたとき、急に倒れたんです。
男:あっそうですか。救急車を呼びましたか。
女:みんな会社へ行ってしまって、家には私しかいないんです。どうしたらいいか分かりません。
男:それじゃ、こちらから連絡して救急車をそちらへ向かわせますよ。おいくつでいらっしゃいますか。
女:63です。
男:呼吸はちゃんとなさっていますか。脈をとってみてください。
女:弱いですが、大丈夫そうです。

(1999年秋季第13回　1級より)

1級…長文

🔊 15)

　5월은 가지각색의 꽃이 만발하는 계절입니다.

　꽃치고 좋지 않은 꽃이 어디 있겠습니까마는 나라마다 풍토가 다르듯이 좋아하는 꽃도 나라에 따라 다른 것 같습니다.

　우리나라에서는 봄철이 되면 제일 먼저 피는 개나리꽃이 가장 인상적입니다.

　샛노랗게 핀 개나리는 따뜻한 봄을 날라다 주는 동시에, 겨우내 얼어붙은 우리의 마음을 녹여 줍니다.

　개나리가 지면 곧 진달래가 핍니다. 뜰에 핀 진달래, 산에 핀 진달래, 모두 마음의 주름을 펴 줍니다. 초여름이 되면 모란이 핍니다. 모란은 꽃 중의 꽃이라고 합니다. 모란은 꽃송이가 크고 꽃잎이 두툼해서 복성스러운 느낌을 줍니다.

　모란에는 복이 담겨져 있습니다.

1級…長文

■左ページの日本語訳

15)
　5月はいろいろな花が咲き乱れる季節です。
　花といえば、きれいでない花などないでしょうが、国ごとに風土が違うように、好まれる花も国によって異なるようです。
　わが国では春になると真っ先に咲くレンギョウが最も印象的です。
　あざやかに黄色く咲いたレンギョウは暖かい春を運んできてくれると同時に、冬の間凍りついた私たちの心をも溶かしてくれます。
　レンギョウが散るとすぐにつつじが咲きます。庭に咲いたつつじ、山に咲いたつつじ、どれも私たちの心のしわを伸ばしてくれます。
　初夏になれば牡丹が咲きます。牡丹は花の中の花と言われています。牡丹は花房が大きくて花びらが厚いので、ふくよかな感じを与えてくれます。
　牡丹には福が盛り込まれています。

（1999年秋季第13回　1級より）

1級2次…課題文

> 1級2次試験の課題文です。声に出して読みながら全体の内容をつかんでみましょう。音声ペンがある方は、息継ぎがどこかを意識しながらシャドウイングしてみましょう。

🔊 1) 한글 나라에서 외면당하는 한글

　한국에서 거리의 간판들을 보면 우리말 간판, 한자 간판, 영문 간판, 영어를 한글로 표기한 간판, 영어와 한글을 섞어 쓴 간판, 한자와 한글을 섞어 쓴 간판들이 뒤죽박죽 섞여 있는 것을 볼 수 있다. 회사의 이름에서도 의미를 알기 어려운 간판을 달고 있는 곳이 많다. 우리말로 표시하지 않는 이유로서 "우리말로 하면 어딘가 촌스럽다. 그래도 영어로 명칭을 달아야 국제화 시대에 걸맞은 것 같다"라는 대답이 가장 많다. 영어를 한글로 표기한 간판들은 영어 발음과 차이가 있어 영어를 잘 아는 외국 사람들도 한글로 표기된 영어는 무슨 뜻인지 모른다. 본국 사람도 모르고 외국 사람도 모르는 그런 간판이 무슨 의미가 있는가? 보도에 따르면 세종대왕상(像)이 들어선 세종로 주변의 58개 간판 중 약 3분의 1인 18개가 한글 없이 영어로만 돼 있다고 한다. 이런 간판 외에도 상표와 각종 언론 매체, 출판물에서 순 우리말이 있는 단어도 외국어, 외래어를 많이 쓰고 있다. 지금 한국어 사용인구는 7,739만 명으로 세계 언어 중 13위에 이르고 세계 지식재산권 기구는 한국어를 9번째 국제 공개어로 채택하였다고 한다. 지난해 인도네시아 부톤섬 찌아찌아족이 한글을 자기 말을 적는 공식 문자로 채택했으며 인구대국인 중국에서도 한국어 학원을 설치한 대학이 점차 늘어나고 있는 추세이다.

세계 언어학자들 중에는 한글을 세계통용문자로 하자는 주장도 나오고 있다. 이런 주장을 하는 이유는 한글이 배우기 쉽기 때문이다. 더 중요한 이유는 컴퓨터 문자 입력에서 육필의 필순에 따라 건반을 치면 모든 글자들을 순조롭게 쳐 내려간다는 것이다.
　이렇듯 우리말 우리글이 세계인이 부러워하는 뛰어난 우월성을 가지고 있음에도 불구하고 어째서 한국에서 자기의 글을 촌스럽다며 도외시하고 우리글로는 정확히 표기할 수도 없는 외국어에 집착하고 있는 걸까. 우리가 한글을 아끼고 사랑하지 않는다면 한글의 세계화가 무슨 의미가 있는지… 안타깝기 그지없다.

1）ハングルの国でそっぽを向かれるハングル

　韓国で街の看板を見ると、韓国語の看板、漢字の看板、英文の看板、英語をハングルに表記した看板、英語とハングルを混ぜて書いてある看板、漢字とハングルを混ぜて書いてある看板などがごちゃごちゃ混ざっている。会社の名前でも意味不明の看板がよく見られる。韓国語で表示しない理由として「ハングルで書くとどこかダサい。英語で社名を決めないと国際化時代にふさわしくない」という答えが最も多い。英語をハングルで表記した看板は英語の発音と異なり、英語をよく知っている外国の人でもハングルで表記されている英語の意味が分からない。韓国の人も分からず、外国人も分からないような看板にどんな意味があるのだろうか。報道によると、世宗大王像のある世宗路周辺の58の看板中、約3分の1である18個が、ハングルではなく英語のみの表記になっているそうだ。このような看板以外にも商標や各マスコミ媒体、出版物で、純粋な韓国固有の単語があるものも、外国語・外来語を多々使っている。現在、韓国語の使用人口は7,739万人で世界言語の中で13位に至り、世界知的所有権機関は韓国語を9番目の国際公開語として採択したという。去年、インドネシアのブトン島のチアチア族がハングルを自分たちの公式文字として採択し、人口大国である中国でも韓国語塾を設置する大学がだんだん増えつつある。

1級2次…課題文

　世界の言語学者の中ではハングルを世界通用文字にしようという主張も出ている。このような主張をしている理由はハングルが学びやすいからだ。最も重要な理由はコンピューターの文字入力において肉筆の筆順に従ってキーボードを叩くとすべての文字が順調に書けるということだ。
　このように我々の言葉、我々の文字が、世界の人がうらやむ優れた優越性を持っているにも関わらず、どうして韓国では自分たちの文字がダサいと言って度外視し、韓国語では正確に表記することもできない外国語に執着するのだろうか。我々がハングルを大切にせず、愛さないなら、ハングルの世界化は何の意味があるのだろうか……残念でならない。

（2010年秋季第35回1級2次試験課題文）

🔊 2) 착각으로 인한 7년간의 실수

  그 책을 내가 읽지 않았다면 난 앞으로 계속 바보가 될 뻔했었다. 내가 초등학교를 다닐 무렵 벌써 몇 년 전이다. 난 그날도 학원을 갔다. 산수 문제를 풀던 난 너무도 어려운 문제를 만났다. 다른 아이들은 모두 수월히 풀어 가고 있었다. 원래 웬만해선 잘 묻지 않던 난 문제에 시달리다 못해 학원 선생님을 불렀다.
  내가 문제를 묻지 않는 덴 이유가 있었다. 그건 물어보는 순간 바보가 되는 느낌이 들고 왠지 나 자신이 초라해지는 것 같은 느낌 때문이었다.
  이런 이유 때문에 웬만해서 묻지 않던 난 특별히 물었다.
  선생님은 평소에 잘 묻지 않던 내가 물으니 어려운 문제인 줄 알았나 보다.
  선생님이 오셨다. 선생님은 문제를 보고 말씀하셨다. "이것도 모르니?" 내가 묻지 않는 이유가 늘어나는 순간이었다.
  난 그 후 선생님에게도 웬만해선 묻지 않았다. 그리고 몇 달 후 이번엔 친구에게 물어보았다. 친구는 인심을 쓰듯이 다가왔다. 친구는 문제를 보고 말했다.
  "짜식아, 이렇게 쉬운 문제도 못 푸니?" 난 그후 아무에게도 묻지 않았다. 물론 예외도 있었지만……. 몇 년이 지난 후부턴 약간씩 물어보았다.

하지만 설명이 이해가 되지 않을 때도 있었다. 하지만 아는 척하고 넘겼다. 이런 답답한 식으로 난 7년(초등학교+중1)을 보냈다.

나는 며칠 전 책을 읽었다. 다 읽지는 못했지만 내 뇌리에 남아 있는 구절이 하나 있다. 그 책의 제목은 "개미(?)"였던 것 같다. 아닐 수도 있다. 그 책엔 이런 내용이 적혀 있었다. '모르는 것을 물었을 땐, 그 순간은 바보일지 몰라도 그 순간이 지나면 바보가 아니다. 하지만 묻지 않는 사람은 그 순간은 바보가 아닐지 몰라도 평생 바보가 되는 것이다'. 참 의미심장한 말이다. 그 글을 읽은 후부터 묻는 것에 자연스러워졌다. 참 고마운 책인 것 같다. 나에게 물음이란 행복까지도 가져다 줄 수 있는 그 무엇인 것 같다.

2）勘違いからきた７年間の失敗

　その本を読んでいなかったとしたら私はこれから先も愚か者でいつづけるところだった。私が初等学校に通っていた頃、もう何年も前のことだ。私はその日も塾に行った。
　算数の問題を解いていた私は、とても難しい問題に出くわした。他の子たちはみんなすらすら解いていた。
　めったに質問しない方だったが、問題に悩まされたあげく先生を呼んだ。
　私がわからない問題について聞かないのには理由があった。それは質問した瞬間、愚か者になった気がし、私自身がみじめな人間になったように感じられるからだ。
　そんな理由からよほどのことがない限り質問などしなかったが、特別に聞いてみた。
　先生は日ごろ質問などしない私が聞いたので難しい問題だと思われたようだ。
　先生が来た。問題を見て言った。「こんなものもわからないのか。」
　私が質問しない理由がまたひとつ増えた瞬間だった。
　私はその後先生に対してもほとんど質問しなくなった。何ヶ月か後に今度は友人に聞いてみた。
　友人は気前よく近づいてきた。友人は問題を見て言った。
　「おまえ、こんな簡単な問題も解けないのか。」私はその後誰にも聞かなくなった。もちろん例外もあったが……。何年か過ぎてからは少しずつ聞いてみるようになった。

説明が理解できなかったりすることもあった。しかしわかるふりをしてやり過ごした。こんなもどかしいやり方で私は7年（初等学校＋中1）を過ごした。
　何日か前、本を読んだ。全部は読んでいないが、脳裏に焼きついている一節がある。
　その本のタイトルは『アリ（？）』だった気がする。違うかもしれない。
　その本にはこんなことが書かれていた。
　「わからないことを聞くとき、その瞬間は愚か者かもしれないが、それが過ぎれば愚か者ではなくなる。しかし聞くことをしない人間は、その瞬間愚か者でなくても一生愚か者になるのだ」。
　とても深みのある言葉だ。その文章を読んで以降、自然に聞けるようになった。
　とてもありがたい本だ。私にとって「聞くこと」とは幸福までももたらしてくれるものなのかも知れない。

　　　　　　　　　（2010年春季第34回1級2次試験課題文）

🔊 3)

　사람에게 호감을 주는 제일 손쉬운 방법은 상대방을 칭찬해 주는 것이다.
　어린이고 어른이고 간에 사람은 자기를 칭찬해 주는 사람에게 호감을 갖게 되어 있으며, 자동적으로 마음의 빗장을 풀고 호의적으로 나오게 되어 있다.
　대화 중에 상대방과 나의 의견이 정반대인 경우라도 직선적으로 부정하거나 공격하면 상대방의 자존심이나 감정을 상하게 되므로 일단은 긍정적인 의견부터 제시하는 것이 좋다. 그리고 나서 신중하게 반대 의견을 제시하는 것이 좋다.
　옛날에 한 임금이 살았는데 유독 한 신하의 충언을 잘 받아들였다. 그 신하는 태자의 교육을 맡아 하기도 하였는데, 임금이 그 날 공부한 태자의 상태를 물어볼 때마다 그 신하는〈태자님은 오늘 시험을 다 잘 보셨고, 질문에도 잘 대답하셨습니다. 그런데 돌멩이로 날아가는 새를 맞추시려다가 그만 수라간 장독을 깨뜨리셨습니다.〉라는 식으로 말을 하였다. 또 한 사람, 태자의 교육을 담당한 신하는〈태자님은 오늘 이런 질문에는 대답을 못하셨고 개구쟁이 짓을 하셨습니다. 그래도 어제 공부한 것을 다 기억하시긴 했습니다.〉라고 말하곤 했다. 어떤 신하가 총애를 받고 오래 신임을 받았을까는 자명한 일이다. 비슷한 내용일지라도 제시하는 방법과 순서에 따라 상대방의 마음이 열리고 닫힐 수 있다.

덧붙이자면 남을 칭찬할 때는 무언가 답례를 얻고자 하는 생각으로 칭찬하면 안된다. 이것은 당연히 해야만 할 일이라고 생각하고, 이에 대한 사례는 언젠가는 자연스레 돌아오게 되어 있다고 생각하면 마음이 즐거워질 것이다.
　사람은 자신의 가치를 인정해 주는 사람에게 호의를 갖게 마련인데, 혹시라도 상대방이 자신에게 호의를 느끼지 못했더라도 자신이 큰 손해를 보는 건 아니므로 실망할 것은 없다.

3）

　人に好感を与える最も簡単な方法は相手をほめることである。
　子供であれ、大人であれ人は自分をほめてくれる人に好感を持てるようになり、自動的に警戒心を解いて好意的に応じるようになっている。
　対話中に相手と自分の意見が正反対な場合でも直線的に否定したり攻撃したら相手の自尊心や感情を傷つけるようになるので一旦は肯定的な意見から提示した方がいい。そうしてから慎重に反対意見を提示するのがいい。
　昔ある国に王様がいたが特にある臣下の忠言に耳を傾けた。その臣下は皇太子の教育を担当することもあったが、王様がその日勉強した皇太子の様子を聞くとその臣下は「皇太子様は今日の試験でいい成績を取り、質問にも上手に答えられました。ところが石で飛ぶ鳥を当てようとして王様の食事を作る台所のかめを壊されました」のように言った。
　もう一人の皇太子の教育を担当した臣下は「皇太子は今日こんな質問に答えられずいたずらをされました。でも昨日勉強したことを全部覚えられてはいました」のように言うことが多かった。どちらの臣下が寵愛を受けて長い間信任を得たかは明白なことである。
　似たような内容であっても提示する方法と順序によって相手の心が開き閉じることがある。

1級2次…課題文

　つけ加えると、人をほめる時は何かの見返りを期待する気持ちでほめてはいけない。これは当たり前にすべきことだと思い，これに対する返しはいつかきっと自然に戻ってくるようになっていると思えば心が楽しくなると思う。
　人は自分の価値を認めてくれる人に好意を持つものであるが、もし相手が自分に好意を持てなくても自分に大きな損はないので失望することはない。

（2009年秋季第33回1級2次試験課題文）

🔊 4)

　'아름답다'라고 느끼는 것은 매우 주관적인 감정이다. 우리는 모두 똑같은 것에 대해서 아름답다고 느끼지는 않는다. 우리는 옷을 살 때 똑같은 옷을 고르지 않는다. 옷에 대해 서로 다른 아름다움의 기준을 가지고 있기 때문이다. 사람의 외모를 볼 때도 서로 다른 판단을 하는 경우가 많다. 우리는 흔히 "저 연예인 참 미인이지 않니？" "아니 쟤가 무슨 미인이야. 다른 사람이 훨씬 예쁘고 잘생겼지." 등의 대화를 나누게 된다. 역시 서로의 기준이 다른 것이다. 아름다움을 느끼는 것은 자로 잰 듯 정확한 이성으로 판단되는 것이 아니다. 감정에 의해 주관적으로 인식되는 것이다.
　미의 기준은 시대에 따라, 지역에 따라서도 달라진다. 조선 시대 신윤복의 미인도에 등장하는 미인의 아름다움과 현대의 미인은 같지 않을 것이다. 조선 시대의 미인도를 보면 둥그스름한 얼굴에 쌍꺼풀이 없이 얼굴 윤곽이 밋밋해 오늘날의 미인에 대한 인식과는 사뭇 다른 것을 알 수 있다.
　중국의 양귀비가 지닌 아름다움과 이집트의 클레오파트라가 지닌 아름다움 역시 다를 것이다. 이렇듯 인간이 느끼는 아름다움이란 시대의 가치관이나 지역적인 특성에 따라서도 달라질 수 있는 것이다.

1級2次…課題文

■左ページの日本語訳

4）

　「美しい」と感じることはとても主観的な感情である。同じものに対してでも、皆が美しいと感じるのではない。私たちは服を買う時、同じ服を選ばない。服に対して人それぞれ違う美しさの基準を持っているからである。人の外見を見る時も人それぞれ違う判断をする場合が多い。私たちはよく「あの芸能人、すごい美人じゃない？」「彼女のどこが美人だっていうの。他の人のほうがずっときれいで美人よ」などというやり取りをする。やはりそれぞれの基準が違うのである。美しさを感じるのは、物差しで測ったように正確な理性で判断されるのではない。感情によって主観的に認識されるのである。

　美の基準は時代によっても、地域によっても違ってくる。朝鮮時代の申潤福(シンユンボク)の美人図に登場する美人の美しさと、現代の美人は同じではないはずだ。朝鮮時代の美人図を見ると、丸みを帯びた顔に目は二重ではなく、顔の輪郭がのっぺりしていて、現代の美人に対する認識とはずいぶん違うということがわかる。

　中国の楊貴妃が持つ美しさと、エジプトのクレオパトラが持つ美しさもやはり違うだろう。このように人間が感じる美しさというものは、時代の価値観や地域的な特性によっても変わりうるものである。

（2009年春季第32回1級2次試験課題文）

🔊 5)

　요즘 아이들은 줄거리가 있는 이야기 대신 외마디 비명과 같은 지시나 명령을 더 많이 듣고 자란다.
　"공부해라, 씻어라, 먹어라······. 일어서라, 말해라, 앉아라."
　이런 외마디 지시나 명령은 아이들의 허기진 정서를 메워 주지 못한다.
　정서의 허기 속에서 자라난 아이들은 믿음 대신 불신을 먼저 배우고, 공감하는 법 대신 반발하는 법을 먼저 익히며, 창조를 향한 용기와 의지보다는 무기력과 의기 소침과 냉소주의에 먼저 빠져든다. 이야기 문화가 없는 까닭이다.
　이야기 문화는 "열린 문화"요 "대면 문화"이다. 이야기를 혼자서 할 수 없으며 경계하는 눈빛을 가지고서는 더더욱 할 수 없다. 다른 사람들과 한데 어울려 푸근하게 마음을 열고서만 할 수 있는 것이다.
　요새 아이들이 전자오락이나 비디오 보기, 이어폰을 꽂고 혼자서 음악을 듣는 일과 같이 "닫힌 문화"와 "일방 문화"에 빠져드는 까닭은 "열린 문화"와 "대면 문화"에 익숙하지 않은 환경 때문이다.
　세상에는 남의 간섭을 받지 않고 혼자서 해야 할 일이 있는 것과 마찬가지로, 적어도 그만큼은 여럿이 함께 어울려 마음을 주고받으며 해야 할 일이 있다. 더 늦기 전에 이야기 문화를 되살릴 때가 되었다.

옛이야기는 이야기의 꽃이다. 자유분방한 상상과 놀라운 은유, 그리고 넉넉한 풍자와 해학이 있는 마르지 않는 샘물이다. 또한 훌륭한 교육의 수단이기도 하다. 아이들은 옛 이야기를 듣고 전하면서 첫째는 사람답게 사는 법을, 둘째는 옛 사람들이 살아 온 모습을, 셋째는 깨끗하고 감칠맛 나는 우리 말을 배운다.

5）

　近頃の子どもたちはストーリーのある話の代わりに一言の悲鳴のような指示や命令をより多く聞いて育つ。
　「勉強しな、洗いな、食べな……。立ちな、言いな、座りな。」こんな一言の指示や命令は子どもたちの飢えた情緒を満たしてあげられない。
　情緒の飢えの中で育った子どもたちは信じることの代わりに不信を先に学び、共感の仕方の代わりに反発の仕方を先に習い、創造に向けた勇気と意志よりは無気力と意気消沈と冷笑主義に先にはまってしまう。話の文化が無いからだ。
　話の文化は「開けた文化」であり「対面文化」である。話は一人で出来ないし警戒する目つきをしてはなおさら出来ない。他の人と一つになっておだやかに心を開いてこそ出来るものだ。
　このごろ子どもたちがゲームやビデオを見たり、イヤホンをつけて一人で音楽を聴くことのように「閉じられた文化」と「一方的な文化」にはまる理由は「開けた文化」と「対面文化」に慣れない環境のせいだ。
　世の中には人の干渉を受けず一人でやらなければならないことがあるのと同じように、少なくともそれだけは何人かが一緒に交わって心を通わせながらしなければならないことがある。手遅れになる前に話の文化を蘇らせる時が来た。

昔話は話の花である。自由奔放な想像と驚くべき隠喩、そして十分な風刺とユーモアのある渇くことの無い湧き水である。またすばらしい教育の手段でもある。子どもたちは昔話を聞いて伝えながら一つ目は人間らしい生き方を、二つ目は昔の人たちの生き様を、三つ目はきれいで味わいのある言葉を学ぶのだ。

（2008年秋季第31回1級2次試験課題文）

🔊 6)

　사람은 신이 아니다. 따라서 사람이 한평생을 살다 보면 잘못을 저지르기 마련이다. 사실 우리 주위에 "나는 태어나서 거짓말을 한 번도 하지 않았다."고 말하는 순수 인간이 많다. 하지만 이 말도 자신이 실제로 그렇다기보다는 거짓말을 잘 하지 않는다는 것을 수사적으로 강조하는 것이리라.

　우리는 잘못을 저지르고 난 다음 어떤 반응을 보일까? 어떤 이는 죄의식에 시달리며 죄를 씻기 위해 노력할 것이다. 어떤 이는 얼굴을 들고 다니기 부끄럽다며 숨을 곳을 찾을 것이다. 사실 그 다음에 어떤 태도를 보이느냐가 더 중요하다. 잘못이 일어난 이상 그 일을 없었던 것으로 할 수 없으므로 어떤 식이든지 책임을 지고 넘어가야 하기 때문이다.

　잘못을 고치려면 먼저 잘못을 남의 것이 아니라 내 것으로 시인해야 한다. 나아가 다음에 비슷한 상황에서 나 자신이 이전과 같은 방향으로 쏠리는 것을 말리고 다른 방향으로 나아갈 수 있도록 이끌어 가야 한다.

　이런 장면을 생각해보자. 아이가 집에서 공을 가지고 놀다가 꽃병을 깨뜨린다. 부모가 보기 전에 꽃병을 치우려고 허둥지둥하다가 그 옆의 그림 액자를 떨어뜨리고 만다. 이에 깜짝 놀라서 뒤로 물러나다가 바닥에 놓인 생일 케이크를 밟는다. 이 모든 일을 어떻게 수습할까? 잘못했으니 부끄럽다며 커튼 뒤로 숨어서 "누가 나를 보지 않았겠지?"라며 조바심을 낸다고 될 일이 아니다. 부끄러움이란 피하고 싶은 상황에 놓인 내가 겪는 당황스런 감정이다.

이때 나는 사람의 시선으로부터 빨리 벗어나는 것이 아니라 다시 비슷한 상황에 놓이지 않는 방식으로 여기에서 피해야 한다.
　잘못을 하고서도 고치지 않는다면 그것은 곧 다른 잘못이 된다. 반대로 고친다면 부끄러움은 긍정적인 자기 변화의 신호가 될 수 있다.

1級2次…課題文

6）

　人は神ではない。ゆえに人が人生を生きていれば過ちを犯すものだ。事実私たちの周りに「私は生まれて嘘を一度もついていない」と言う純粋な人が多い。しかしこの言葉も実際にそうだというよりは嘘をよくつかないということを修辞的に強調しているのであろう。

　私たちは過ちを犯した後どんな反応を見せるだろうか。ある人は罪の意識に苦しみ罪を償うため努力するであろう。ある人は顔をあげて歩くのが恥ずかしいと隠れる場所を探すであろう。事実その後にどんな態度を見せるのかがより重要である。過ちが起きた以上それを無かったことには出来ないためどんなふうにでも責任をとって次に移らなければならないからだ。

　過ちを正すためにはまず過ちを他人のものではなく自分の物として認めなくてはならない。次に似たような状況で自分自身が以前と同じ方向に傾くのを止め違う方向に進めるように導かなければならない。

　こんな場面を考えてみよう。子供が家でボールを持って遊んでいるうちに花瓶を割ってしまう。親が見る前に花瓶を片付けようと慌てていてその横の額縁の絵を落としてしまう。これにびっくりして後ろに退きながら床に置いてあるバースデーケーキを踏んでしまう。これをすべてどのように収拾するのか。失敗したから恥ずかしいとカーテンの後ろに隠れて「誰か私を見なかったか」と焦ったところで済まされることではない。恥ずかしさとは避けたい状況に置かれた自分が経験する戸惑いの感情である。

1級2次…課題文

　この時当人は人の視線から速く逃れるのではなく、再び同じような状況に置かれない方法でここを避けなければならない。
　過ちを犯しても正さないのであれば、それはやがて違う過ちになる。逆に正すのであれば恥ずかしさは肯定的な自己変化の合図になるのである。

（2008年春季第30回1級2次試験課題文）

🔊 7) 수업에 충실하기

　대학에서 신입생들을 대상으로 강의를 하다 보면 생각이 많아진다. 입시 지옥에서 막 해방된 학생들은 하고 싶은 일도, 술 마실 일도 많다. 자기 관리가 소홀한 학생들은 차츰 지각과 결석이 잦아지고, 강의 시간에 졸거나 딴 짓을 하기 시작한다. 고심을 한다. 어떻게 하면 이 학생들을 수업에 집중하게 할 수 있을까?
　궁리 끝에 강의 첫 시간에 학생들에게 수업 서약서를 작성하도록 했다. 내용은 이렇다. "①나는 적극적으로 수업에 참여할 것이며, 교수와 동료 학생들을 존경하고 품위 있는 언행으로 대한다. ②나는 전 시간 출석하고 지각하지 않는다. ③나는 창의적이고 성실하게 리포트를 쓸 것이며, 표절 행위를 하지 않는다." 이 서약서에 서명한 학생들만 내 강의를 들을 수 있도록 했다.
　강의를 하면서 학생들에게 수시로 수업 서약서 내용을 상기시키고, 엄격히 수업 관리를 했다. 휴강은 물론 없었다. 학생들이 결석이나 지각, 그리고 잡담, 딴짓 하기, 문자 메시지 주고받기 등 수업 방해 행위를 할 때는 미리 정한 세부 규정대로 벌점을 매겼다. 대신 적극적으로 수업에 참여하거나 창의적인 글을 쓰는 학생들에겐 좋은 점수를 주었다. 수업 중 글을 쓸 때는 반드시 개요를 짜오도록 했다. 학생들이 좀 괴로워했지만, 수업 분위기와 글쓰기는 이전 학기에 비해서 눈에 띄게 좋아졌다.

생각해 보았다. 대학 때 난 얼마나 열심히 공부를 했던가? 80년대의 대학 시절, 난 수업에 집중하기가 힘들었다. 그 결과 학문의 세계로 들어서는 것이 좀 늦었다. 21세기의 대학생들, 어떻게 하면 대학 생활을 제대로 시작할 수 있을까?

'수업에 충실하기!' 진부하지만, 이게 키워드가 아닐까 한다.

7）授業に忠実であること

　大学で新入生を対象に講義をしていると思うことが増える。入試地獄から解放されたばかりの学生たちはしたいことも、お酒を飲むことも多い。自己管理がおろそかな学生たちは、だんだん遅刻と欠席が多くなり、講義時間に居眠りをしたり他のことをし始める。腐心することになる。どうすればこの学生たちを授業に集中させることができるだろうか。

　考えた末に最初の講義の時間に学生たちに授業の誓約書を作成するようにした。内容はこうである。「①私は積極的に授業に参加し、教授と同僚の学生たちを尊敬し、品位ある言行を持って接する。②私は、全時間出席し遅刻しない。③私は、創意的で誠実にレポートを書き、剽窃行為をしない。」この誓約書に署名した学生だけ私の講義を聞けるようにした。

　講義をしながら学生たちに随時、授業誓約書の内容を思い出させ厳しく授業の管理をした。休講はもちろんしなかった。学生たちが欠席や遅刻、そして雑談、別行動、メールのやり取りなど授業を妨げる行為をするときは、あらかじめ決めておいた細部の規定どおり罰点を与えた。代わりに積極的に授業に参加したり、創意的な文章を書く学生たちにはいい点を与えた。授業中文章を書くときは必ず概要を作るようにした。学生たちは少し面倒がったが授業の雰囲気と文章作りは以前の学期に比べて目に見えてよくなった。

1級2次…課題文

　考えてみた。大学のとき私はどれだけ一生懸命勉強しただろうか。80年代の大学時代、私は授業に集中するのに苦労した。その結果学問の世界に入るのが少し遅れた。21世紀の大学生たちよ、どうすれば大学生活をきちんと始めることができるだろうか。
　「授業に忠実であること！」、陳腐であるが、これがキーワードではないかと思う。

（2007年秋季第29回1級2次試験課題文）

🔊 8)

　국내의 외국인 노동자들이 문구 회사에서 만드는 크레파스에서 '살색'을 없애 달라는 시위를 벌였다. 살색이 유색 인종에 대한 편견을 나타내는 명백한 인종 차별이라는 이들의 주장에 우리는 동의한다.
　현재 국내에 들어와 일하고 있는 외국인 노동자들은 30만 명에 이른다. 이 가운데 20만 명이 불법 체류하며 노동을 하고 있다.
　이들은 고용주들이 불법 체류라는 자신들의 처지를 악용하여 임금을 체불하거나 욕설로 대하는 것쯤은 오히려 견뎌 낼 수 있다고 한다. 이들이 가장 견디기 어려운 것은 우리 사회 전체가 피부색과 생김새가 다르다 하여 자신들을 사람으로 취급하지 않고 짐승이나 노예처럼 취급한다는 사실이다. 그렇기에 당장 자신들의 삶의 조건을 좋게 하거나 돈을 더 벌게 하는 것과는 무관한, '살색을 없애 달라'는 인간적인 절규를 하고 있는 것이다. 그동안 피부색에 대한 편견을 심어 주는 '살색'이라는 표현이 얼마나 원망스러웠을까를 짐작할 수 있는 대목이다.
　그러나 중요한 것은 이러한 표현 뒤에 감추어진 우리들의 인식이다. 피부색이나 생김새로 혹은 우리나라보다 못 사는 나라 사람들, 약자에 대해 멸시하는 풍조와 타인종에 대한 근거 없는 배타성이 우리 사회에 널리 퍼져 있기 때문이다. 제도적으로는 지금 경기가 나쁘다 하여 보류된 외국인 노동허가제를 조속히 실시하여 이들도 기본적인 인권을 갖고 일할 수 있도록 하는 것이 중요하다.

그리고 피부색은 달라도 '우리도 인간이다'라는 이들의 절규를 외면하지 말고 '살색' 대신 적절한 우리말을 찾아 주어야 할 것이다.

살색이라는 것은 어린이들의 미술 교육 측면에서도 바람직하지 않다. 색에 대한 고정 관념을 심어 주어 어린이들의 창의적이고 자유로운 표현을 막을 뿐 아니라 살색이 인간의 피부를 표현하기에 적절한 색도 아니기 때문이다. 미술가들이나 색채 연구가, 한글 학자들이 의논하여 우선 '살색'만이라도 이 땅에서 사라지도록 할 방법을 찾아야 할 것이다.

8）

　国内の外国人労働者が、文具会社で作っているクレパスから「肌色」をなくしてくれとデモを繰り広げた。肌色が、有色人種に対する偏見を表す明白な人種差別だという、彼らの主張に我々は同意する。
　現在国内で働いている外国人労働者は30万名に達する。その中で20万名が不法滞在しながら労働をしている。彼らは雇用主たちが、不法滞在だという自分たちの立場を悪用して、賃金を遅配したり、ののしることぐらいはそれでも我慢できるという。彼らが一番我慢できないのは、我々の社会全体が皮膚の色や顔かたちが違うといって自分たちを人間扱いせず、獣や奴隷のように扱うという事実である。それゆえに今すぐ自分たちの生活条件を良くするとかお金をもっと儲けるということとは関係のない「肌色をなくしてくれ」という人間としての訴えを声を限りに叫んでいるのである。その間、皮膚の色に対する偏見を植え付ける「肌色」という表現が、どれほど悔しかっただろうかを推し量ることができる場面である。
　しかし重要なことは、このような表現の裏に隠された我々の認識である。皮膚の色や顔かたちで、または我が国より貧しい国の人々、弱者を蔑視する風潮と他人種に対する根拠のない排他性が、我々の社会に広くはびこっているからである。制度的には景気が悪いからといって保留されている、外国人労働の許可制を速やかに実施し、彼らも基本的な人権を持って働けるようにすることが重要である。

そして皮膚の色が違っても「我々も人間だ」という彼らの叫びを無視せず「肌色」の代わりに適切な言葉を捜してあげなければならないだろう。
　肌色というのは子どもたちの美術教育の面からも望ましくない。色に対する固定観念を植え付けて、子どもたちの創意的で自由な表現を妨げるだけでなく、肌色が人間の皮膚を表現するのに適切な色でもないからだ。美術家とか色彩研究家、ハングル学者らが相談して、まず「肌色」だけでもこの地からなくす方法を探さなければならないだろう。

（2007年春季第28回1級2次試験課題文）

9)

　호주제의 헌법 불합치 결정으로 남성 가장에게 일방적인 권위와 책임을 부과했던 호주제 대신, 남녀가 평등한 가족 개념이 자리 잡을 것으로 보인다.
　호주제가 폐지되고 호적 제도를 다른 방식으로 대체한다고 해서 개개인의 일상 생활에서 바뀌는 것은 없다. 그러나 남아 선호 사상이나 가족 간 주종 관계 같은 우리의 의식은 크게 개선될 것이다. 실제적으로 이혼 후 아이를 키우면서도 자식이 남편의 호적에 그대로 남아 피해를 보는 경우는 없어진다. 호주제 폐지를 골자로 한 민법개정안이 확정되면 성을 바꿀 수 있다.
　호주제 폐지 전에는 가족의 범위가 호주를 기본으로 해 호주의 배우자, 그리고 그 가(家)에 입적한 자였다. 호주 개념이 없어지면 차남이나 결혼한 딸도 가족 범위에 포함된다. 생계를 같이하는 경우 사위, 처남, 처제까지도 가족으로 간주한다.
　호적은 국민 개개인의 신분 사항을 증명하는 국가의 공문서이고 족보는 문중의 가계를 기록하는 사적인 기록부다. 공문서인 호적만 없어질 뿐 족보가 사라지는 것은 아니다.

■左ページの日本語訳

9）

　戸主制の憲法不一致の決定により、男性家長に一方的な権威と責任が課せられていた戸主制の代わりに、男女平等の家族概念が定着する見通しだ。

　戸主制が廃止され、戸籍制度が別の形に入れ替わるからといって、個人の日常生活が変わることはない。しかし、男児優先の思想や家族間の主従関係に対するわれわれの意識は大きく改善されるだろう。実際離婚後、子供を養育しながらも、その子が前の夫の戸籍にそのまま残ることでもたらされる被害を被ることはなくなる。戸主制度の廃止を骨子とした民法改正案が確定すれば名字を変えることが出来る。

　戸主制廃止以前は、家族の範囲が戸主を基本とし、戸主の配偶者、そしてその家に入籍した者であった。戸主の概念がなくなれば、次男や結婚した娘が家族の範囲に含まれる。生計を共にする場合、娘婿、妻の兄弟や妹までも家族と見なす。

　戸籍は国民個々人の身分事項を証明する国家の公文書であり、族譜は一族の家系を記録する私的な記録簿だ。公文書である戸籍がなくなるだけで、族譜が消えるのではない。

（2006年秋季第27回1級2次試験課題文）

10) 새벽 대합실

〈새벽 대합실〉은 특히 애착이 가는 작품이다. 시골 정거장의 작은 대합실을 상상하며 만들었는데, 고즈넉하고 쓸쓸한 분위기를 강조하기 위해 유리창에 성에가 낀 초겨울 새벽으로 시간을 설정했다.

오랜만에 친정 나들이에 나선 새댁은 잠이 덜 깨 징징대는 큰놈과 뒤에 업힌 갓난아이 때문에 마음이 부산하다. 그럴 때면 시골장을 드나드는 입담 구수한 아주머니가 잔뜩 심술이 난 꼬마 녀석을 달래며 겁을 주기도 한다.

"아가. 자꾸 그렇게 징징 울면 이따 큰 굴을 지나갈 때 호랑이가 잡아간다."

"아이고, 쌔근쌔근 자는 요 녀석은 돌을 벌써 지났겠네. 귀가 바가지처럼 생긴 걸 보니 이다음에 공부 잘하겠어."

아주머니는 등에 업힌 아이에게 찬바람이 들어가지 않게, 흘러내린 스웨터를 올려 꼭꼭 여며준다.

〈새벽 대합실〉을 아끼는 이유는 현관문만 닫고 들어오면 밖의 소음과는 무관해지는 아파트에 사는 탓에, 처음 보는 낯선 이들의 푸근한 참견이 그리워졌기 때문이다.

남편은 산책에서 돌아오는 길에 공 차는 아이들 틈에 끼기도 하고, 지나가는 아이들이 귀여워서 이런저런 이야기를 붙이기도 한다. 그런데 낯선 사람과 이야기하지 말라는 주의를 들어서 그런지, 대부분의 아이들은 입을 꼭 다물고 황망히 달아나거나 공 차는 데 끼어드는 걸 노골적으로 싫어한다. 우리 때는 그렇지 않았는데……. 그래서 남편은 의자 너머로 시시콜콜 참견하는 아주머니가 제일 보기 좋단다. 옛날이 그립단다.

  〈새벽 대합실〉에는 참견하기 좋아하는 아줌마도 있지만, 말없이 마음을 나누는 어머니와 딸도 있다. 공장으로 일하러 가는 딸을 배웅하는 어머니는 객지에 나가 고생하게 될 딸이 못내 안타까워 애꿎은 목도리만 여며주고 또 여며준다. 그런 어머니 옆에는 돌아서서 눈물만 훔치는 동생의 애잔한 마음도 있다.

  유리창에 성에가 낀 초겨울 새벽의 시골 〈새벽 대합실〉, 쓸쓸하지만 사람들의 온기로 따뜻한 그런 대합실을 만들고 싶었다.

10) 早朝の待合室

　「早朝の待合室」は、特に愛着の持てる作品である。田舎の駅の小さな待合室を思い浮かべながら書いたのだが、静まり返っていて寂しい雰囲気を強調するために、窓ガラスに霜がおりた初冬の早朝に時間を設定した。

　久しぶりに里帰りする新妻は、目覚めが悪くてぐずつく上の子と、おぶった赤ん坊のせいで気持ちが落ち着かない。そんな時に田舎の市場に出入りする口の達者なおばさんが、すっかりご機嫌斜めになった坊やをなだめながら脅かしたりもする。

　「坊や、そんなにぐずぐず泣いてばかりいたら後でトンネルを通る時、トラが捕まえていくよ。」

　「まあ、すやすや寝入っているこの坊や、もうとっくに１歳になったみたいね。耳がひさごみたいな形をしているところを見ると将来勉強する子になるわね。」

　おばさんは、おぶられた赤ん坊に冷たい風が当たらないように、ずり落ちたセーターをあげてきちんと直してあげた。

　「早朝の待合室」に愛着を持つ訳は、玄関のドアさえ閉めて入ってくると、外の騒音とは無関係になってしまうアパートに住んでいるせいで、初めて見る見知らぬこの人たちの、ほのぼのとしたおせっかいが懐かしかったためである。

1級2次…課題文

　夫は散歩からの帰り道、ボールを蹴っている子どもたちの中に入ったり、通り過ぎていく子どもたちがかわいくて、話しかけたりもする。しかし見知らぬ人と話してはいけないという注意を聞いていてそうなのか、ほとんどの子どもたちは口を硬く閉ざし慌てて逃げていったり、一緒にボールを蹴るのを露骨に嫌がる。私たちの時代はそういうことはなかったのに……。それで夫は、椅子の向こうからしつこくおせっかいをするおばさんが一番気に入っている。昔が懐かしいのである。
　「早朝の待合室」には、おせっかい焼きのおばさんもいるが、黙って心を通わす母娘もいる。工場に働きに行く娘を見送る母は、他郷に出て苦労する娘が不憫で、何の関わりもないマフラーだけを直してばかりいる。そんな母の横には、背を向けて涙をぬぐってばかりいる弟のもの悲しい姿もある。
　窓ガラスに霜がおりた初冬の田舎の「早朝の待合室」、寂しいけれど、人々のぬくもりで温かいそんな待合室を作ってみたかった。

（2006年春季第26回1級2次試験課題文）

〈巻末資料①〉

１級２次面接試験の流れ

1級2次面接の流れ

★2次面接の流れ★

■1. 挨拶をして入室しましょう。

🔊

여　안녕하세요.

남　안녕하세요. 들어오세요……. 앉으세요. 이름이 한글 하나코 씨죠? 하나코 씨는 어디서 오셨습니까?

여　군마현에서 왔습니다.

남　군마라 하면 온천이 유명한데 온천엔 자주 가세요?

여　특별히 찾아가지 않아도 제 집 바로 옆에 온천이 있습니다.

남　그래요, 좋으시겠네요.

1級2次面接の流れ

■2．面接官の指示に従います。

（課題文は2分間の黙読後、音読します）

🔊

남 자, 그럼, 테이블 위에 있는 과제문을 보세요. 먼저 소리를 내지 말고 눈으로 읽어 보십시오. 시간은 2분간입니다.

여 예. 알겠습니다…….

남 자, 2분이 지났는데 괜찮으실까?

여 네, 다 읽었습니다.

남 그럼 과제문을 소리 내서 읽어 보시죠.

여 네.

　호별 방문을 통해 소비자가 원하는 지식 및 정보를 전달하고, 가정 또는 사무실과 기업 사이에서 직접적인 방식의 거래가 이루어지도록 하는 사람을 외판원이라고 한다. 이들의 자격은 취급하는 판매물에 따라 일정하지 않으나, 카탈로그나 팸플릿을

1級2次面接の流れ

조리 있게 요약해서 자신의 상품을 선전해야 하는 만큼 대개 고졸 이상의 학력을 요한다. 대부분의 경우 실제로 방문 판매에 나서기에 앞서 판매 기술이나 업무에 대해 익히게 된다고 한다.
　외판원은 외근을 해야 되고 대체로 보수가 적으며 안정성이 없다는 이유 때문에 얼마 전까지 그다지 환영받는 직업은 아니었다. 그러나 최근에는 개인의 능력과 경력에 따라 승진도 가능해지는 추세인 데다가, 실적에 따라 상당한 수준의 보수를 받는 예도 크게 증가하면서 사회적인 인식도 점차 개선돼 가고 있다.

■3. 質疑応答が行われます。

남 네, 됐습니다.
그럼 지금 읽으신 과제문 내용에 대해서 몇 가지 질문하겠습니다. 먼저 과제문에 '외판원'이란 말이 나오는데 하나코 씨의 '외판원'에 대한 인상을 말씀해 보세요.

여 글쎄요. 제가 아직 학생이라서 잘 모르겠는데요…….
외판원은 1년 내내 바깥을 돌아다니기 때문에 우선은 힘들다는 인상이구요. 그래도 사람을 접하는 일이기에 자신의 능력에 따라서는 많은 보람을 느낄 수 있는 일이 아닐까 생각됩니다.

1級2次面接の流れ

남 네, 알겠습니다.
이번엔 과제문을 보시면서 답하세요.
밑에서 3번째 줄에 '추세'란 말이 있는데요. 이것을 다른 말로 바꿔 말하면 무엇일까요?

여 음, '경향'이나 '형편'으로 바꾸어 말할 수 있다고 생각합니다.

남 네, 지금 하나코 씨는 '추세'를 '형편'으로 바꿀 수 있다고 하셨는데요. 그럼 이 글에서 외판원 형편이 얼마 전까진 어땠다고 했습니까?

여 네, 외판원은 힘든 데다가 보수가 적고 불안정하다는 이유로 그다지 인기가 없었다고 서술이 돼 있습니다.

■4．課題文を伏せて退室します。

남 예, 됐습니다. 과제문에 대한 질문은 다 끝났습니다.
마지막으로 1급 자격을 딴 후 포부를 얘기해보세요.

여 네. 제가 만일 이 자격을 따면 장차 한글학원 교사가 되고 싶구요. 군마현에 있는 일본 사람들에게도 '한글'을 많이 보급하고 '한글'을 배우는 재미를 알려 주고 싶습니다.

남 아주 훌륭한 포부네요. 앞으로도 그 꿈이 실현되도록 열심히 공부하세요.
오늘은 수고하셨습니다. 과제문을 덮어두고 나가십시오.
안녕히 가세요.

여 네. 감사합니다. 안녕히 계십시오.

〈巻末資料②〉

「聞きトッキ」からの文

※2009年3月〜2013年2月まで協会ホームページにてご提供したウェブコンテンツ「聞きトッキ」より抜粋した6編を収録しました。

1) 학생 시절 먹던 추억의 맛, 포장마차 떡볶이

떡볶이는 남녀노소 누구나 좋아하는 간식거리죠. 가끔씩 생각나면 참을 수 없을 만큼 당기는 매우면서도 단 소스의 떡볶이. 떡볶이는 대개 고추장과 설탕 등으로 매운 맛과 단 맛을 강하게 내는데, 지역에 따라 여기에 케첩이나 후추 등의 재료를 넣어 독특한 맛을 내기도 해요.

학생들 사이에서 "치떡"이라고 불리는 치즈 떡볶이는 완성된 떡볶이 위에 치즈를 얹히거나 떡 속에 치즈가 들어 있는 음식을 말하고, 라면의 면을 얹은 떡볶이는 "라볶이"라 불립니다.

친구들과 학교 앞 포장마차에서 사 먹었던 그 맛, 한국을 대표하는 국민 간식 떡볶이의 조리법을 소개합니다.

재료 (2인분)
- 떡볶이 떡 ·· 20개
- 한국식 어묵 ··· 2장
- 삶은 계란 ·· 2개
- 양배추 ·· 2~3잎

양념
- 고추장 ·· 2큰술
- 고춧가루 ··· 1큰술
- 간장 ··· 1큰술
- 물엿 ··· 2큰술
- 설탕 ··· 1큰술
- 간마늘 ·· 1작은술
- 어묵 국물 ·· 2컵

準2級聞きトッキより

🔊 ①팬에 어묵 국물 2컵을 붓고 양념을 모두 넣어 센불로 끓여 줍니다.

> **포인트!** 떡볶이 만들 때 어묵을 삶은 물로 만들면 고소하고 맛있어요. 없으면 한국 조미료 "다시다"나 일본 "혼다시"를 푼 물 2컵으로 만들어도 됩니다. 고춧가루는 "고운 고춧가루"나 "조미용"이라고 씌여진 굵지 않은 고춧가루를 씁니다. 없으면 일반 고춧가루를 믹서에 갈면 됩니다.

🔊 ②물과 양념장을 다 섞어서 끓기 시작하면 떡과 어묵을 넣습니다. 다시 끓기 시작하면 약불로 줄입니다.

> **포인트!** 한국식 어묵은 일본의 사쓰마아게와 비슷한 튀김인데, 이게 들어가야 제맛이 납니다. 한국식 어묵은 한국 슈퍼나 인터넷 쇼핑에서 구입할 수 있어요. 떡은 요즘 일본 슈퍼에서도 많이 파는 떡국의 떡으로도 대신할 수 있습니다.

🔊 ③떡과 어묵이 어느 정도 익으면 크게 썬 양배추를 넣고 끓입니다.

🔊 ④마지막에 계란을 넣습니다. 국물이 적어져 팬 바닥에 깔릴 정도가 되면 먹음직스러운 떡볶이의 완성입니다.

準2級聞きトッキより

1）学生の頃食べた思い出の味、屋台のトッポッキ

　トッポッキは老若男女誰もが好きなおやつのひとつです。時折思い出すと、我慢できないほど食欲そそられる甘辛いソースのトッポッキ。トッポッキは大抵コチュジャンや砂糖などで辛みと甘みを強く出しますが、地域によってはこれにケチャップやこしょうなどの材料を入れて、独特の味を出したりもします。

　学生の間で「チートッ」と呼ばれるチーズトッポッキは、完成したトッポッキの上にチーズをのせたものや、餅の中にチーズが入っている食べ物を言い、ラーメンの麺をのせたトッポッキは「ラーポッキ」と呼ばれています。

　友達と学校前の屋台で買って食べたあの味、韓国を代表する国民のおやつ、トッポッキの調理法を紹介します。

材料（2人分）
- トッポッキ用餅……………………………… 20個
- 韓国式油揚げ………………………………… 2枚
- ゆで卵………………………………………… 2個
- キャベツ……………………………………… 2～3枚

タレ
- コチュジャン………………………………… 大さじ2
- 唐辛子粉……………………………………… 大さじ1
- 醤油…………………………………………… 大さじ1
- 水あめ………………………………………… 大さじ2
- 砂糖…………………………………………… 大さじ1
- おろしにんにく……………………………… 小さじ1
- 油揚げのゆで汁……………………………… 2カップ

準2級聞きトッキより

①フライパンに油揚げのゆで汁2カップとタレをすべて入れて強火にかけます。

ポイント！ トッポッキを作る時、油揚げのゆで汁を使うと風味が増しておいしくなります。なければ韓国の調味料「タシダ」や日本の「本だし」を溶いた水2カップでもよいでしょう。唐辛子粉は、「粉挽き唐辛子粉」や「調味用」と書かれた粗くない唐辛子粉を使います。なければ一般的な唐辛子粉をミキサーにかけるといいでしょう。

②ゆで汁とタレがよく混ざり、沸き始めたら餅と油揚げを入れます。再度沸騰したら弱火にします。

ポイント！ 韓国式の油揚げは、日本のさつま揚げに似たもので、これが入ってこそ本来の味が出ます。韓国式油揚げは韓国スーパーやインターネットショッピングで購入することが出来ます。餅は最近日本のスーパーでもよく売られているトックの餅で代用できます。

③餅と油揚げがある程度煮えたら大きく切ったキャベツを入れてさらに煮ます。

④最後にゆで卵を入れます。汁が少なくなって鍋の底に敷く程度の量になったら、食欲そそるトッポッキの完成です。

準2級聞きトッキより

2) 비오는 날엔……부침개!

아침부터 계속 비가 오는 날, 이런 날이면 한국사람들은 고소한 부침개를 찾습니다.

그 이유를 어떤 사람은 빗소리가 부침개 부치는* 소리를 떠올린다고 하고, 또 어떤 사람은 기온이 떨어지면 체온 조절을 위해 몸이 기름기 있는 음식을 원하기 때문이라고 하지요.

옛날 많은 사람들이 농사를 짓고 살던 시절, 비가 오면 하던 논일을 접고 집에 있는 재료들로 부침개를 만들어 막걸리와 함께 즐겼답니다.

부침개. 지짐이라고도 하는 이 요리는 일본에서도 인기가 있죠.

오늘은 잘 익은 배추김치 송송 썰어 맛있는 김치부침개 함께 만들어 봐요.

재료	
잘 익은 배추김치	200g
돼지고기	50g
부침가루(없으면 밀가루)	250g
물	200ml
김치국물	4큰술
달걀	1개
간장	3큰술
설탕	1큰술
다진 마늘	1큰술
파	10cm
청주*	3큰술
참기름	1큰술
식용유*·후춧가루	적당량

準2級聞きトッキより

🔊 ①돼지고기는 잘게 다져 간장, 설탕, 마늘, 청주, 참기름, 후춧가루에 미리 무쳐 재워 둔다.

🔊 ②배추김치는 속의 재료를 털어 내고 국물을 조금 짜낸 상태로 송송 썰어 준다.

포인트! 신김치의 경우에는 양파를 적당히 다져 넣으면 맛이 부드러워져요.

🔊 ③물과 달걀을 섞은 것에 부침가루를 넣어 골고루 섞은 후 김치 국물을 넣어 섞어 준다.

🔊 ④양념한 돼지고기와 김치, 채 썬 파를 반죽*에 넣고 골고루 섞어 준다. 팬에 식용유를 넉넉히 두르고 반죽을 넓게 펴서 앞뒤로 갈색빛이 나도록 부친다.

포인트! 기름은 넉넉하게 두르고 부쳐주세요. 그래야 맛있어요. 두께는 되도록 얇은 것이 좋아요. 꾹꾹 눌러주면서 부쳐 주세요.

*부치다 – (油をひいて)焼く
*청주 – 清酒、料理酒
*반죽 – 練り粉、生地
*식용유 – 食用油

準2級聞きトッキより

2）雨の日には……プチンゲ！

　朝からずっと雨が降っている日、そんな日に韓国の人々は香ばしいプチンゲを求めます。
　その理由を、ある人は雨音がプチンゲを焼く音を連想させるからだと言い、またある人は、気温が下がると体温調節のために油気のある食べ物を体が求めるからだと言います。
　むかし、多くの人が農業を営んでいた時代、雨が降ると田を耕すのをやめ、家にある材料でプチンゲを作り、どぶろくと一緒に楽しんだそうです。
　プチンゲ。チヂミとも呼ばれるこの料理は日本でも人気がありますよね。
　今日はよく漬かった白菜キムチをざくざくと切って、おいしいキムチプチンゲを一緒に作ってみましょう。

材料
- よく漬かった白菜キムチ……………………………… 200g
- 豚肉……………………………………………………… 50g
- プチンゲ用の粉（無ければ小麦粉）………………… 250g
- 水 ……………………………………………………… 200ml
- キムチの汁…………………………………………… 大さじ4
- 卵 …………………………………………………………… 1個
- 醤油…………………………………………………… 大さじ3
- 砂糖…………………………………………………… 大さじ1
- みじん切りしたにんにく…………………………… 大さじ1
- ネギ…………………………………………………… 10cm
- 料理酒………………………………………………… 大さじ3
- ごま油………………………………………………… 大さじ1
- 食用油・こしょう……………………………………… 適量

準2級聞きトッキより

①豚肉は小さく切って醤油、砂糖、にんにく、料理酒、ごま油、こしょうをもみこみ、漬けておく。

②白菜キムチは中の具材を取り除き、汁気を軽く絞った後、細かく刻む。

ポイント！ すっぱくなったキムチは、材料にタマネギを適量加えると味がやわらかくなります。

③水に卵を溶いてプチンゲ用の粉を入れ、よく混ぜた後、キムチの汁を入れてさらに混ぜる。

④味付けした豚肉とキムチ、細切りしたネギを生地に入れ、まんべんなく混ぜる。フライパンに食用油を多めに引いて、生地を広げ両面をきつね色に焼く。

ポイント！ 油は多めに入れて焼くとおいしく仕上がります。できるだけ薄く焼きましょう。ギュッギュッと押しながら焼いてください。

3) 글씨 없는 편지

옛날에는 글을 쓸 줄 아는 사람이 그리 많지 않았단다.
글자는 몰라도 편지를 잘도 주고받았지.
글자를 모르는데 어떻게 편지를 쓰냐구?
글쎄, 어떻게 썼을까?
한번 들어 보자꾸나.

옛날에 어떤 사람이 시골에 사는 사촌 동생한테 편지를 했거든.
술을 좀 만들어야 할 텐데 누룩*이 있어야지.
적어도 누룩이 다섯 덩어리는 있어야 할 텐데 서울에서 구할 수가 없더란 말이야.
해서, 시골에 사는 사촌한테 편지를 했어.
종이에다 누룩을 크게 그리고, 다섯 덩어리가 필요하다고 손바닥에 색칠을 해서 찍어 보냈지.

편지를 받아 본 시골 사촌은,
"어쩌나, 보낼 누룩이 없으니……. 더욱이 다섯 덩어리씩이나."
할 수 없이 편지를 쓰기로 했지.
보내 온 누룩 그림 위에 가위표를 하나 그어 보냈어.
서울 사촌 형이 편지를 받아 보고는 몹시 섭섭한 거야.
"누룩 좀 달랬더니 딱 거절해?"
가만히 있을 수 없지.

準２級聞きトッキより

　해서, 종이에다 빨간 점과 파란 점을 여기저기 찍어서 보냈다는군.

🔊　시골 사촌이 편지를 받아 보고는,
　"사촌 형이 성이 나서 얼굴이 붉으락푸르락*하는군. 안되겠다. 얼른 미안하다고 편지를 띄워야지."
　그러고는 종이에다 큰 사과를 하나 그려 넣은 거야.
　이 편지를 받아 보고 서울 사촌은 금방 기분이 풀렸대.
　"그러면 그렇지. 내 이렇게 '사과'할 줄 알았지."
　하면서 말이야.

*누룩 – 麴
*붉으락푸르락 – (非常に興奮したり怒ったりして)顔色が赤くなったり青くなったりする様子

準2級聞きトッキより

3）文字のない手紙

　昔は文字が書ける人があまりいなかったそうだ。
　文字がわからなくても手紙のやり取りはよくしていた。
　文字がわからないのにどのように手紙を書いたのかって？
　さあ、どうやって書いたのかな？
　ちょっと聞いてみることにしよう。

　昔ある人が田舎に住むいとこに手紙を書いたんだ。
　お酒を造りたいが、麹がない。
　少なくとも麹が5つは必要だがソウルでは手に入らなかった。
　そこで田舎に住むいとこに手紙を書いた。
　紙に麹の絵を大きく描いて、5つ要るってことで手のひらに色を塗り手形を押して送ったんだ。

　手紙を受け取った田舎のいとこは、
「どうしよう、送る麹が無いのに……。それに5つも。」
しかたなく手紙を書くことにしたんだ。
送ってきた麹の絵の上にバッテンをひとつ描いて送った。
ソウルのいとこは手紙を受け取ってそれはそれは悲しんだ。
「少し麹をわけてくれないかと言ったのにきっぱりと断るなんて。」
だまってはいられなかった。

準2級聞きトッキより

　そこで紙に赤い点と青い点をあちこちにつけて送ったそうな。

　田舎のいとこが手紙を見て、
「ソウルのいとこが、とても腹を立てているみたいだ。こりゃだめだ。すぐに謝罪の手紙を送らないと。」
　そうして紙に大きなりんご（サグヮ）を一つ描いたんだ。
　この手紙を見たソウルのいとこはすぐに怒りがおさまったんだって。
「そりゃあそうだろう。謝る（サグヮ）と思っていたよ。」
　こう言いながらね。

🔊 4) 욕심쟁이 소년

🔊 할머니와 단둘이 살고 있는 소년이 있었어요.
그런데 할머니는 날마다 조그만 항아리에서 사탕을 한 개씩만 꺼내 주었답니다.
정말 맛있는 사탕이었지요.
하지만 소년은 맛있는 사탕을 하루에 한 개밖에 먹지 못하자 할머니에게
"할머니, 딱 한 개만 더 주세요." 하고 졸랐어요.
그러면 할머니는 언제나,
"안 된다. 하루에 한 개씩이다. 내일 또 줄게."
하고는 다시 사탕 항아리를 높은 곳에 올려놓곤 했어요.

🔊 어느 날, 할머니가 시장에 가시자 소년은 항아리 속의 사탕이 먹고 싶어졌습니다.
그래서 힘들게 겨우겨우 항아리를 내린 다음 뚜껑을 열고 손을 밀어 넣었어요.
맛있는 사탕을 마음껏 먹고 싶었던 소년은 욕심껏 사탕을 한 주먹 쥐었습니다.
그런데 큰일이 났어요. 항아리의 입구가 너무 좁아서 손이 빠지지 않는 거예요.
소년은 방법을 찾지 못해 엉엉 울기 시작했지요.

🔊 그 때, 할머니가 시장에서 돌아왔습니다. 할머니는 항아리를 앞에 놓고 울고 있는 소년을 보았습니다.
무엇때문에 울고 있는지 바로 다 알았지요. 할머니는 웃으면서 말했습니다.

"너무 욕심을 부리면 그렇게 혼이 나는 법이다! 손에 쥐고 있는 사탕을 놓아 봐. 그러면 손을 뺄 수가 있단다!"

할머니의 말대로 소년은, 욕심껏 쥐고 있던 사탕을 놓았습니다. 그랬더니 정말 항아리에서 손이 쉽게 빠지는 게 아니겠어요.

準2級聞きトッキより

4）欲ばりな少年

　おばあさんと二人きりで住んでいる少年がいました。
　ところでおばあさんは、毎日小さなつぼの中からあめ玉を一粒ずつ取り出してくれたそうです。
　本当においしいあめ玉でした。
　けれども少年はおいしいあめ玉を一日に一粒しか食べられないので、おばあさんに
　「おばあさん、あともうひとつだけください。」とねだりました。
　するとおばあさんはいつも
　「だめだよ。一日にひとつずつだよ。また明日あげるからね。」と言っては、あめ玉のつぼを高い所に上げてしまいました。
　ある日おばあさんが市場に行ってしまうと、少年はつぼの中のあめ玉が食べたくなりました。
　そして苦労してようやくつぼを下ろしたあと、ふたを開けて手を押し込みました。
　おいしいあめ玉をおもいきり食べたかった少年は、あめ玉を手のひらいっぱいに握りました。
　ところが大変な事になりました。つぼの口があまりに狭くて、手が抜けなくなってしまったのです。
　少年はどうしたら良いか分からず、わんわん泣き始めました。
　その時、おばあさんが市場から帰って来ました。おばあさんはつぼを前にして泣いている少年を見ました。
　少年がなぜ泣いているのかすぐにわかったおばあさんは、笑いながら言いました。

準２級聞きトッキより

「欲を張るとそうやってひどい目にあうんだよ！　手に持っているあめ玉を離してごらん。そうしたら手が抜けるだろうから。」
　おばあさんの言葉通り、少年は欲張って握っていたあめ玉を離しました。すると本当につぼの中から手が簡単に抜けたのでした。

🔊 5) 소나기의 유래

🔊 옛날에 어떤 스님이 동냥*을 하러 다녔지. 동냥으로 얻은 쌀을 배낭에 넣어 짊어지고 가는데, 무더운 여름날이라 땀을 줄줄 흘리다가 나무 그늘에서 쉬어 가기로 했어. 때마침 농부 한 사람이 소를 부려 논을 갈다가 그 나무 그늘에 와서 함께 쉬게 되었단다.

"곧 모를 내야 할텐데 비가 안 와서 큰일이군요. 날이 이렇게 가물어서야, 원."

농부가 이렇게 날씨 걱정을 하자, 스님이 입고 있던 웃옷을 여기저기 만져 보더니,

"걱정 마시오. 해 지기 전에 비가 내릴 게요." 하거든.

농부는 그 말을 믿으려 하지 않았지.

"에이, 스님도. 농담을 잘 하시는군요. 이렇게 날이 쨍쨍한데 무슨 비가 온단 말입니까?"

"두고 보시오. 틀림없이 곧 비가 올 거요."

🔊 스님은 비가 온다고 하고, 농부는 비가 안 온다고 하고, 서로 제 말이 옳다고 우기다가 내기를 하기로 했어.

"그럼 어디 내기를 해 봅시다. 스님 말대로 해 지기 전에 비가 오면 내 저 소를 드리지요."

농부는 농부대로 오랜 경험이 있는지라, 이렇게 맑은 날에 갑자기 비가 올 리 없다고 믿고 자신만만하게 나서지. 농사꾼에게 없어서는 안 될 귀중한 소를 내기에 걸었으니 이길 자신이 있다는 뜻이 아니야, 그게.

"좋소이다. 나는 가진 게 이 쌀밖에 없으니, 지면 이 배낭에 든 쌀을 모두 드리리다."

스님은 스님대로 믿는 구석이 있어서 하루 종일 동냥한 쌀을 모두 내놓겠다고 나서네.

🔊 그러고 나서 농부는 다시 논을 갈고 스님은 나무 밑에서 쉬고 있었지. 농부는 논을 갈면서도 쌀이 공짜로 생기는 뜻밖의 행운을 만났다고 좋아라 했어.

그런데 이게 웬일이야. 갑자기 마른 하늘에 천둥이 치더니 시커먼 비구름이 눈깜짝할 사이에 뭉게뭉게 모여들지 않겠어? 그러더니 곧장 장대 같은 빗줄기가 마구 쏟아지기 시작하는 거야. 농부는 내기에서 진 것보다 비가 오는 게 좋아서 싱글벙글 웃었네. 소를 잃게 됐다는 것도 잊어버리고 말이야.

🔊 "스님, 참으로 용하십니다. 갑자기 비가 올 걸 어떻게 아셨습니까?"

"그저 입고 있던 옷을 만져 보고 알았지요."

"예? 옷을 만져 보면 안다고요? 그게 무슨 말씀이신지요?"

"옷이 촉촉해지는 걸 보고 알았다오. 우리는 빨래를 자주 못하니까 늘 옷이 땀에 젖어 있지요. 땀은 곧 소금이니, 물기가 닿으면 촉촉해지는 건 당연한 이치가 아니오? 아까 내 장삼*을 만져 보니 몹시 촉촉했는데, 공기 속에 이렇게 물기가 많으니 곧 비가 오리라 생각했지요."

"아, 그랬군요. 저는 그것도 모르고 큰소리를 치다가 보기 좋게 지고 말았습니다."

그러고 보니 소를 내놓을 일만 남았거든. 농부가 금세 울상이 됐어.

"내기에서 졌으니 소를 드려야지요. 자, 어서 몰고 가십시오."

스님은 허허 웃으면서 소가 매인 줄을 잡았다가 도로 농부에게 쥐어 주며,

"이 소를 도로 드릴 터이니 농사 잘 지으시오. 우리에게야 소가 아무 소용 없지만 농사 짓는 데 소만큼 중요한 것이 또 있겠소?"

하고서 훌쩍 가버리더래. 스님이 떠나자마자 쏟아지던 빗줄기가 뚝 그치고, 언제 비가 왔느냐는 듯이 하늘도 금세 맑아졌어.

이런 일이 있은 뒤로부터 여름날에 갑자기 쏟아지다가 뚝 그치는 비를 "소내기"라고 했단다. 소를 걸고 내기를 했대서 그런 말이 생긴 거지.

"소내기"가 요즈음에는 "소나기"가 된 거고.

*동냥 – 托鉢
*장삼 – ねずみ色がかった黒色の僧衣

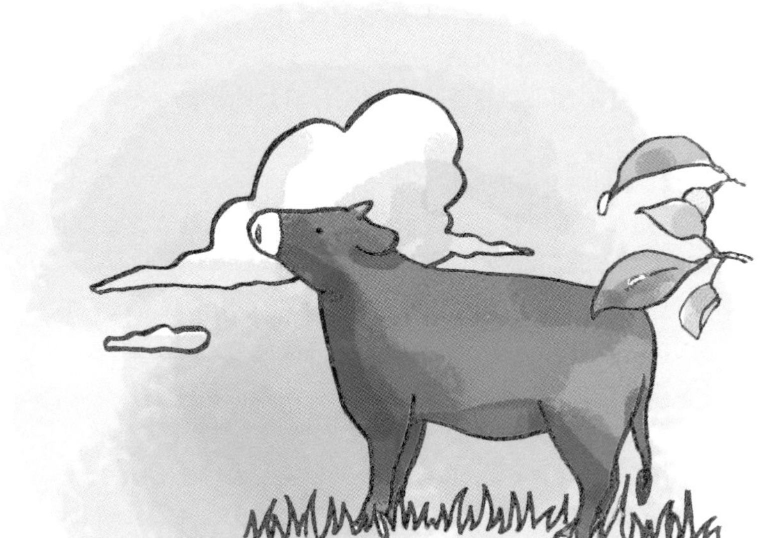

2級聞きトッキより

5）「ソナギ」の由来

　昔々、あるお坊さんが托鉢してまわっていた。托鉢で得た米を袋に入れ背負って歩くのだが、夏の暑い日で汗をだらだらとかいたので、木陰で休んで行くことにした。ちょうどその時、牛を使って水田を耕していた1人の農夫がその木陰にやってきて一緒に休むこととなった。
　「すぐに田植えをしなきゃならないのに、雨が降らなくて大変ですよ。まぁ天気がこんなに日照るとは。」
　そう農夫が天気の心配をすると、お坊さんは着ていた上着をあちこち触って「心配なさるな。陽が沈む前に雨が降るだろうから。」と言った。
　それを聞いた農夫は信じようとしなかった。
　「そんな、お坊様。ご冗談を……。こんなにカンカン照りなのに雨が降るっていうんですか。」
　「見ていなさい。間違いなく、まもなく雨が降るはずですよ。」
　お坊さんは雨が降ると言い、農夫は降らないと言い、お互い自分の言うことが正しいと言い張っているうちに賭けをすることとなった。
　「ではひとつ、賭けをしてみましょう。お坊様のおっしゃる通り、陽が沈む前に雨が降ったら私の牛を差し上げましょう。」
　農夫は農夫なりの長い経験があるので、こんなに晴れた日にいきなり雨が降るはずはないと信じて自信満々だった。農夫にとって、無くてはならない大切な牛を賭けるとは、勝つ自信があるということだろう。
　「良いですよ。私は持ち物といえばこの米しかないので、負けたら

2級聞きトッキより

この袋に入っている米を全て差し上げましょう。」
　お坊さんはお坊さんで信じるところがあるようで、一日中托鉢した米を全て賭けようと言いだした。
　そうして農夫はまた田を耕し、お坊さんは木陰で休んでいた。
　農夫は田を耕しながらも、思いがけずただで米を得る幸運を手にしたと喜んだ。
　しかしどうしたことか。急に雷がなったかと思うと、あっという間に空に黒い雨雲がもくもくと集まってくるではないか。そして、滝のような雨が降り始めた。
　農夫は賭けに負けたことよりも、雨が降ったのが嬉しくてニコニコと笑った。
　牛を失うということも忘れて。
　「誠にあっぱれですね、お坊様。どうして急に雨が降ると分かったのですか？」
　「ただ着ていた服を触ってみただけで分かりましたよ。」
　「え？　服を触ったら分かったですって？それはどういう意味ですか？」
　「服が湿っているのを見て分かったのですよ。我々は、しばしば洗濯することができないのでいつも服が汗で濡れています。汗は塩ですから、水に触れると湿り気が出るのは当たり前の事ではないですか。さっき上着を触ってみたらとても湿っていたのですが、空気の中にこんなにも水分があるという事は、まもなく雨が降ると思ったのです。」
　「ああ、そうだったのですか。私はそうとも知らずに大口をたたいて見事に負けましたよ。」

2級聞きトッキより

　そして残すは牛を差し出すだけとなった。農夫は瞬く間に泣きべそをかいた。
　「賭けで負けたので牛を差し上げなくてはなりませんね。さぁ、どうぞ引いて行って下さい。」
　お坊さんは、ははっと笑って牛が繋がれた網をとると農夫に渡しながら「この牛を元通り返すので、よく畑を耕すんですよ。わしらには牛は必要ではありませんが、畑を耕すのに牛ほど重要なものはないでしょう。」
　そう言いながらふらりと行ってしまった。お坊さんが行ってしまうと、さっき雨が降っていたのが嘘のように空もたちどころに晴れた。
　こんな事があってからというもの、夏に急に降ってはぴたりと止む雨を「ソネギ(ソ→牛、ネギ→賭け)」と言ったそうな。
　牛を賭けて賭けをしたといって、そんな言葉ができたのだろう。
　「ソネギ」が最近では「ソナギ」になったそうな。

2級聞きトッキより

2級聞きトッキより

6) 제사에 지방* 써 붙이는 유래

옛날 어떤 마을에 아주 큰 부자가 살았는데 이 부자한테는 혈육이라고는 아들, 딸 하나도 없었어. 아무리 돈이 많아도 자식이 없다 보니 무슨 재미로 살겠나? 큰 절간으로 가서 불공을 드리기도* 하고 무당을 불러다가 굿도 해 봤지만 좀처럼 효과가 없었어.

부자는 나날을 "아휴, 부처님도 무정하시구나." 하며 한숨만 터뜨리며 살았지.

그런데 하루는 말야, 부자가 부인을 불러 놓고 제 생각을 털어 놨어.

"여보, 남의 새끼라도 얻어다 키우면 어떻소?"

그랬더니 아내가 "당신, 그렇게만 할 수 있으면 오죽 좋아요. 하지만 누가 자기 아이를 주겠어요." 했어. 정말이지 배를 앓아 낳은 귀한 자식을 누구든 쉬이 주겠나?

그랬더니 부자가 말야, "아랫동네에 아주 가난하게 사는 농사꾼의 아내가 아이를 뱄거든. 우리 딱한 처질 통사정하면 될 것 같기도 한데 어때? 응?"

안해는 못 이긴 척하며 "그렇담 아무렇게나 해 보시죠." 한 거야.

부자는 급히 아랫동네에 내려가 농사꾼을 찾아가서는 차분히 할 얘기가 있다며 집 안에 들어갔지.

🔊 "난 실은 강위의 동네에 사는 사람인데 혈육이라곤 아들딸 하나 없어 외로워 죽을 판이요. 아들을 낳거든 날 주면 내 아들로 기르고 싶소. 그 대신 조 백 섬*에 우리네 밭도 나누어 주리라." 했어. 농사꾼은 이 말을 감지덕지하여 곧 승낙했대요.

농사꾼 아들은 부잣집에 가서 부자 부부를 친부모로 알고 자랐지. 세월은 흘러흘러 이 아이는 어른이 되고 부자 부부는 나이가 들어 죽었어. 아들은 해마다 부모가 돌아가신 기일에는 제물을 잘 차려서 제사를 정성껏 지냈으며 설이나 추석 같은 명절에도 그야말로 극진히 제사상을 차려 올렸지.

🔊 근데 말야, 이 아들이 원인도 모르게 앓기 시작했단 말이야. 몸이 아파 못 견뎌 날이 갈수록 쇠약해져 보기에도 불쌍하게 변해 갔어. 그래, 하루는 어째서 그러는가 싶어 점을 쳐 봤지. 그랬더니 점쟁이가 부모 영혼을 위안하는 굿을 하면 풀린다지 않아. 아들은 좋은 날을 잡아 굿을 했지. 그랬더니 무당이 하는 말이

"아이고, 기일 제사와 명절에 우릴 위해 차리는 음식을 받아 먹지 못해 배 고파서 죽겠다. 살지 못하겠네. 살지 못해." 하거든. 아들은 무당 말에 귀를 의심할 수밖에요.

(제사 명절을 잘 차려 올리는데 받아 드시지 못한다니 그게 무슨 말이야? 이상도 하다.)

그래, 무당이 가만히 살펴보니까 이 집 어르신네가 오셨는데도 안에는 안 들어오고 문밖에 서 계신대.

2級聞きトッキより

🔊 　거기에 밭일 차림에 호미*를 든 웬 농사꾼이 들어와서 제사상을 받아 먹는다지 뭐야.
　부잣집 아들이 어떡하면 좋겠느냐고 바싹 다그쳐 물었지.
　그랬더니 무당은 돌아가신 어른의 이름을 종이에다 써 붙이고 제사를 지내 보라고 했겠다.
　아들이 무당이 시키는 대로 했더니 과연 농사꾼 혼령은 간데온데 없이 사라지고 이 집 주인 어른의 혼령이 들어와 상을 받았어.
　그 후부터 기일 제사 땐 지방을 써 붙이게 됐다. 이런 얘기야.

　*지방 – 祭祀などで使う位牌
　*불공을 드리다 – 仏を供養する
　*섬 – 石(穀物・液体の容積単位)
　*호미 – 草取り鎌

２級聞きトッキより

6）祭祀に紙の位牌を使う由来

　昔々、ある村にたいそうな金持ちが住んでおったが、この金持ちには息子も娘も一人もおらなんだ。金持ちといっても、子どもがいなけりゃ楽しいことなんぞありゃせんよ。立派なお寺さんにお供え物をして拝んだり、巫女を呼んで神事を行ったりしたが全く無駄じゃった。
　金持ちは毎日毎日、「ほんに、仏様も情がござらんなあ。」と、ため息をついて嘆き嘆き暮らしておった。
　そんなある日のことじゃ、金持ちが妻を呼んで思うところを正直に打ち明けたんじゃ。

　「考えてみたのだが、よそ様の子どもでも頂いたらどうぞ？」
　すると妻は、「あなた、それが叶うのならば言うことはございません。でもね、そんなお方などいやしませんよ。」と言うんじゃ。そりゃそうじゃろう。腹を痛めて産んだ子を、赤の他人にくれてやる母親なんぞおるもんか。
　するとな、金持ちはこう言いよった。「いいや、下手の村に貧しい百姓がおってな、その妻が子をはらんでおる。わしらのつらい事情を話したらまんざらでもないように思うのだが、どうぞ？」とさ。
　妻は説得しても聞き入れてくれんと思ったのか、「そこまでおっしゃるのならお好きになさいましな。」と言い放ったんじゃ。
　金持ちはそそくさと下手の村に行き、大事な話があってやって来たと百姓の家に入りおった。

2級聞きトッキより

　「川の上の村に住む者だがわしらには身内が一人もなくてなあ、寂しく暮らしておるのだ。男の子が産まれたらわしらに下さらんか？息子として育てたいのだ。その代わり、粟を百石に、わしの畑も分け与えるがいかがなものぞ？」と申し出たんじゃ。百姓はえらく喜んで、すぐに承諾しよった。

　百姓の子は金持ちの家で、夫婦を実の両親だと思って成長したんじゃ。月日は流れて子どもは大人になり、金持ち夫婦はこの世を去った。息子は、毎年両親の命日にはお供え物をたくさん準備して真心こめて祭祀を執り行ったし、正月やお盆にも立派に祭壇を設けて過ごしたんじゃよ。

　ところがじゃ、この息子が原因不明の病にかかってなあ、日に日に痩せ衰えて見るからに哀れな姿に変わり果てたんじゃ。そんなある日、どうしてかと思い占い師にみてもらった。すると占い師は両親の霊魂を慰めるお祓いをしたらば治ると言うんじゃよ。息子はお祓いをする日を選んで、お払いの儀式をしよった。すると巫女の口寄せがな、
　「ああ、悲しや。祭祀や旧正、旧盆のお供えを頂くことが出来ん。腹が空いてたまらん！　死にそうだ」と言うんじゃ。当の息子はだ、己の耳を疑わずにはおれんじゃろ？
　（祭祀も旧正、旧盆もたんと準備してお迎えしておるというのに、頂けないとはどういうことよ？　解せんなあ。）
　巫女がじっと目を凝らして見ていると、この家の主がやって来たんじゃが家の中には入らず門の外で立ち止まるんじゃ。

243

2級聞きトッキより

　そこへ草取り鎌を持った野良姿の百姓が入って来て、お供え物を食べ始めるじゃないか。
　金持ちの息子は巫女の前に進み出て、どうしたものかと聞きおった。
　すると巫女は、亡くなったお方の名前を紙に書いて貼り付け、祭祀をするようにと教えてな。息子は巫女の言う通りにしよった。するとほほう、百姓の霊魂は何処へやら消えてしもうてこの家の主の霊魂が入って来てな、膳を頂いたんじゃ。
　それからというもの、命日の祭祀には紙の位牌を貼るようにということじゃ。

〈巻末資料③〉
おぼえておきたい
語尾・慣用表現
１級・２級

おぼえておきたい語尾・慣用表現

　『合格トウミ』『上達トハギ』上級の語尾と慣用表現の中から、比較的出題頻度の高いものをあつめてみました。

> ① -(으)ㄴ들
> 　〜｛する/だ｝といっても
> 　〜｛する/だ｝とて

例 아무리 냉정하다고 **한들** 제 자식도 모른 체하랴？
　いくら冷淡だといっても自分の子供を見て知らんぷりするはずはなかろう。

例 그 사람의 속마음이야 **난들** 어찌 알겠어요？
　その人の心の内など私とてどうしてわかりましょうか。

> ② -(으)ㄴ 성싶다, -(으)ㄹ 성싶다
> 　①【形容詞・指定詞】〜のような気がする、〜のようだ
> 　②【動詞・있다】〜したような気がする、〜したようだ

例 오늘은 날씨가 좋**을 성싶어** 빨래를 했는데 비가 오네.
　今日は天気がいいと思って洗濯したのに雨が降ってきたわ。

例 그 얘기는 나도 한 번 들**은 성싶다**.
　その話は私も一度聞いたような気がする。

247

③ -(으)ㄴ 셈 치고

①【動詞・있다】〜したと思って、〜したことにして、
〜したものとして
②【指定詞】〜だとして、〜だと思って

例 한번 여행 갔다온 **셈 치고** 나한테 투자해 보세요.
一度旅行に行ってきたと思って私に投資してみてください。

例 속는 **셈 치고** 한번 먹어 봐.
だまされたと思って一度食べてみて。

④ -(으)ㄴ 즉

①【指定詞に付いて】〜はと言えば
②【動詞に付いて】〜すると、〜したら
③〜{した/だ}から

例 김군이야 사람**인즉** 그만이지.
金君なら人物の点では最高だよ。

例 시골에 가본**즉** 풍년이더라.
田舎に行ってみたら豊作だったよ。

おぼえておきたい語尾・慣用表現

⑤ -(으)ㄹ라치면
～するとなれば、～するならば

例 바깥 청소를 **할라치면** 꼭 비가 오더라구요.
外の掃除をしようとすると必ず雨が降るんですよ。

例 밥을 먹**을라치면** 늘 이가 아프다.
ご飯を食べようとするといつも歯が痛む。

⑥ -(으)ㄹ망정
～{する/である}とも、～{する/である}といえども

例 두 사전의 정의는 표현의 차이가 있**을망정** 기본적으로는 대동소이하다.
２つの辞典の定義は、表現の違いはあろうとも基本的には大同小異だ。

例 가난**할망정** 즐겁게 산다.
貧しくはあっても楽しく生きる。

249

おぼえておきたい語尾・慣用表現

⑦ -(으)ㄹ뿐더러
～{する/である}だけでなく

例 전쟁으로 인해 헤어진 가족은 서로 만나지도 못했을뿐더러 생사 확인도 못 했다.
戦争により離れ離れになった家族は、互いに会うことも出来なかっただけでなく、生死の確認もできなかった。

例 수확량도 높을뿐더러 고품질의 감자를 생산할 수 있다.
収穫量も多いばかりでなく、高品質のじゃがいもを生産することができる。

⑧ -(으)ㄹ세라
① ～{しやし/ではある}まいかと
② ～ではないか(と)
③【感嘆】～{する/だ}よ

例 남이 들을세라 아주머니는 말소리를 죽였다.
他人が聞きはしないかと思って、おばさんは声をひそめた。

例 행여 남편이 눈치 챌세라 아내는 조용히 문을 닫았다.
もしや夫が気付くのではと、妻は静かに戸を閉めた。

250

⑨ -(으)ㄹ지언정

(たとえ)〜{して/であって}も

例 차라리 죽**을지언정** 비굴하게 무릎을 꿇거나 하지는 않을 거야.
いっそ死ぬとしても卑屈に降伏したりはしない。

例 후회는 할**지언정** 미련은 두지 마라.
後悔したとしても、未練は残すな。

⑩ -(으)련만

〜(するだろう)に
〜{する/である}はずだが
〜{する/である}ものを

例 약을 그 정도 먹으면 나**으련만** 아직도 아프다고 합니다.
薬をあれくらい飲めば治ってもよさそうなものなのに、まだ具合が悪いそうです。

例 가끔 연락이라도 주면 좋**으련만** 통 소식이 없군요.
たまに連絡でもくれたらいいのに、まったく便りがないですね。

おぼえておきたい語尾・慣用表現

⑪ -{아/어}ㅆ기에 망정이지, -{아/어}ㅆ으니 망정이지
～{した/だった}からよかったものの

例 그래도 이렇게 만났으니 망정이지 못 만났더라면 어쩔 뻔했을까?
それでもこうして会えたからよかったものの、会えなかったらどうなっていたことか。

例 카드가 있었기에 망정이지, 안 그랬으면 완전 망신당할 뻔했어.
カードがあったから良かったものの、じゃなかったら完全に恥をかくところだったよ。

⑫ -거늘
① ～{する/である}からには
② ～{する/である}のに
③ (～さえ)～{する/である}のに(ましてや)

例 평화가 모든 이의 염원이거늘 어찌 그대 혼자 전쟁을 주장하는가.
平和がすべての人の念願であるのに、なぜあなた一人が戦争を主張するのか。

例 그는 바둑의 명수거늘 스승으로 받들어야지.
彼は碁の名手であるからには、師として仰がなくてはならない。

⑬ -거니와

① ～{する/である}上に
② ～{する/だ}が

例 손해도 손해**거니와** 업무에 지장이 많아요.
損害も損害だが、業務に支障が多いです。

例 체격도 좋**거니와** 머리는 더욱 좋다.
体格もいい上に頭はさらにいい。

⑭ -거들랑

～{すれ/なら}ば、～{した/だった}ら

例 만약 전혀 예기치 못한 일이 생기**거들랑** 지체없이 연락을 해야 한다.
もし全然予想していないことが起きたら、直ちに連絡しなければならない。

例 오늘은 중요한 약속이 있는 거 알지? 일이 끝나**거들랑** 바로 와.
今日大事な約束があること知っているでしょう。仕事が終わったらすぐ来てね。

⑮ -ㄴ답시고

【あざけるニュアンス】~するとか言って

例 그 사람 딴에는 제법 노력**한답시고** 밤도 새고 그러더라.
彼なりにずいぶん努力するつもりと見えて、徹夜したりしてたよ。

例 수험 준비**한답시고** 취직도 안 하고 세월만 낭비하고 있어요.
受験準備をするといって就職もしないで歳月だけ費やしています。

⑯ -는 통에

【動詞・있다】~したために、~したせいで
~したはずみに、~した拍子に

例 서로 제 의견만 주장하**는 통에** 도저히 결론이 날 것 같지 않아.
お互いに自分の意見ばかり主張するせいで到底結論が出そうにないよ。

例 차가 고장나**는 통에** 출발이 미뤄졌어요.
車が故障したせいで出発が延期になりました。

⑰ -다마는
~(だ)が、~(だ)けれども

例 좋기는 좋**다마는** 좀 비싼 것 같다.
いいことはいいが、少し高いようだ。

例 맛있어 보인**다마는** 배가 불러 먹지 못하겠다.
おいしそうだが、お腹がいっぱいで食べられそうにない。

⑱ -다손 치더라도
【形容詞・存在詞】~(だ)からと言って、~(だ)としても

例 아무리 예의범절을 못 배웠**다손 치더라도** 웃어른께 버릇없이 굴면 안 되죠.
いくら礼儀作法を習っていないと言っても目上の方にぶしつけに振舞ってはいけないですね。

例 아무리 과학적인 수사를 한**다손 치더라도** 문제가 완벽하게 해결되는 건 아니에요.
どんなに科学的な捜査をするとしても、問題が完璧に解決されるわけではありません。

おぼえておきたい語尾・慣用表現

⑲ -다시피 하다
~するのと同じだ、ほとんど~するようなものだ

例 바늘도 안 들어갈 것 같았는데 거의 빌**다시피 해서** 승낙을 받아냈다.
絶対無理だと思われたが、ほとんど拝むかのようにして承諾を得た。

例 매일 오**다시피** 한다.
ほとんど毎日のように来る。

⑳ -로서니
（いくら）~だとは言っても

例 내가 일을 좀 시켰기**로서니** 그게 그렇게 불만인가?
僕が仕事をちょっとさせたからって、それがそんなに不満なのかい。

例 경쟁에서 이기는 것이 중요하기**로서니** 수단 방법을 안 가려서야 되겠어요?
競争に勝ち抜くことが重要だとは言え、手段や方法を選ばないなんてだめでしょう。